高校学生管理与校园文化建设探索

喻　俊◎著

文化发展出版社
Cultural Development Press
·北京·

图书在版编目（CIP）数据

高校学生管理与校园文化建设探索 / 喻俊著 . — 北京 : 文化发展出版社，2023.12
ISBN 978-7-5142-4236-2

Ⅰ . ①高… Ⅱ . ①喻… Ⅲ . ①高等学校－学生－学校管理－研究②高等学校－校园文化－建设－研究 Ⅳ . ① G645.5 ② G647

中国国家版本馆 CIP 数据核字 (2024) 第 015944 号

高校学生管理与校园文化建设探索

喻 俊 著

出 版 人：宋 娜
责任编辑：侯 娜 责任校对：岳智勇
责任印制：邓辉明 封面设计：守正文化
出版发行：文化发展出版社（北京市翠微路 2 号 邮编：100036）
网 址：www.wenhuafazhan.com
经 销：全国新华书店
印 刷：天津和萱印刷有限公司

开 本：710mm × 1000mm 1/16
字 数：200 千字
印 张：11.25
版 次：2024 年 5 月第 1 版
印 次：2024 年 5 月第 1 次印刷

定 价：72.00 元
I S B N：978-7-5142-4236-2

◆ 如有印装质量问题，请电话联系：010-58484999

前　言

当下高校教育改革工作日益深化，全社会对高校的发展也有了新的要求，因此，高校学生管理的重要性也日益凸显。校园文化是基于师生主体，把整个校园作为空间，在特定校园环境当中形成的一种群体文化，展现出了很强的时代性，同时还涉及精神文明建设的内容，当然也有助于学生道德素质的提高。优秀校园文化能够为高校学生的学习和生活提供一个健康和谐的精神文化环境，同时也有利于学生管理工作的有序开展。所以在高校学生管理实践当中，把校园文化建设作为重要落脚点与突破口，着力打造优质校园文化，不单单能够调动学生的学习热情和教师的教学动力，还可以为高校学生管理工作的有序开展提供可靠保障和动力支持。

高校校园文化在整个社会文化体系中居于重要地位，是其不可或缺的一部分，离不开高校有关部门的正确指导和有效规范。高校在积极推动校园文化发展的过程中，要把服务师生作为中心内容，把打造和谐校园环境作为重要目标，为学生管理工作的顺利开展带来保障。

高校校园文化有效地展现出了高校独特的精神文化以及生活面貌，同时还能够集中反映出学生的思想道德素质、政治修养、行为习惯等情况。高校学生管理工作是学校管理体系中的一部分，与高校学生的学习、生活存在密不可分的关系。校园文化建设是高校开展学生管理工作的前提条件，而打造校园文化也要把学生管理工作作为根基，从中可以看出二者密不可分的关系。所以在新时代背景下，必须着力打造优质的校园制度、环境、精神文化，把校园文化环境的打造作为重点，为学生管理工作的有序推进带来可靠支持。高校学生管理工作和校园文化建设是相互促进以及相互依存的，只有共同抓好这两方面的工作，才能真正为国家与社会的发展输送大量合格人才。

本书对高校学生管理与校园文化建设进行了研究。全书共六章。第一章是高校学生管理概述，涉及的内容主要有高校学生管理的内涵、高校学生管理的对象和任务、高校学生管理的发展历程、高校学生管理的指导思想和原则、高校学生管理的管理机构与队伍建设五部分内容。第二章为高校学生管理的多角度研究，分别阐述了高校学生管理现状、高校学生社区化管理研究、高校学生信息化管理研究、人力资源管理理论应用于高校学生管理的研究。第三章的主要内容是高校学生管理工作新体系的构建，分别阐述了高校学生管理工作新体系构建的必要性和重要性、高校学生管理工作新体系的构成、高校学生管理工作新体系构建的实践。第四章为高校校园文化建设概述，第一节为高校校园文化的内涵，第二节是我国高校校园文化的产生与发展，第三节为高校校园文化建设的作用与功能，第四节是高校校园文化建设的原则。第五章介绍高校校园文化建设管理，分别从高校校园制度文化建设管理、高校校园行为文化建设管理、高校校园物质文化建设管理、高校校园精神文化建设管理四方面进行阐述。第六章为高校校园微文化建设，分别介绍了微文化的概念与特征、微文化的功能与价值基础、高校校园微文化建设的意义、微文化对大学生价值观的影响、高校校园微文化建设的现状与改革路径。

在撰写本书的过程中，作者得到了许多专家学者的帮助和指导，参考了大量的学术文献，在此表示真诚的感谢。本书内容系统全面，论述条理清晰、深入浅出，但由于作者水平有限，书中难免会有疏漏之处，希望广大同行及时指正。

喻　俊

2023 年 2 月

目　录

第一章　高校学生管理概述

本章重点介绍了高校学生管理的基本情况。其中包括高校学生管理的内涵，即对学生进行全方位、多层次、个性化的管理；高校学生管理的对象和任务，即对在校学生进行全面、系统、科学的管理，促进其身心健康发展；高校学生管理的发展历程，即从传统的“管教”模式逐渐转向以学生为中心、以服务为导向的现代化管理；高校学生管理的指导思想和原则，即坚持以人为本、因材施教、分类管理、综合管理等，推动高校学生管理工作的科学化、规范化和人性化；高校学生管理的管理机构与队伍建设，即建立健全高效的管理体制和专业化、素质化的管理队伍，为高校学生提供更好的服务和保障。

第一节　高校学生管理的内涵

一、高校学生管理的概念

高校学生管理指的是高校领导与管理人员在学生培养目标的指导之下，严格落实国家教育方针与政策法规，科学有序组织、协调与指挥学校内部各种资源，从而实现对学生的全面培养与管理的工作。这是一门科学性以及综合性的管理学科，有必要对管理活动展开有效的预测、计划、实施、反馈、监督等，从而促进高校学生的全面发展与健康成长。①

首先，学生管理工作需要深入研究高校学生的生理、心理特征，了解他们的知识、能力结构以及兴趣爱好，同时也需要考虑社会氛围对他们的影响。只有掌握了这些信息，才能更好地把握高校学生的思想变化和教育管理规律。其次，从事学生管理工作的专职人员也需要具备必要的思想、文化、理论和业务素质，这些素质的培养和管理队伍的建设也是学生管理工作中不可或缺的一部分。只有具

① 李正军．高校学生管理工作概论[M]．保定：河北大学出版社，2002．

备了这些素质，才能更好地开展学生管理工作。最后，学生管理工作还需要研究学生管理的机制和一般管理的原则、方法，以及具体管理目标、原则、政策和法规等。深入探讨这些研究内容，有助于建立科学合理的学生管理机制，并制定出更加有效的管理策略和措施，以实现学生全面发展和健康成长的目标。因此，在开展学生管理工作时，需要全面考虑以上三个方面的因素，并加以综合运用。只有这样，才能更好地促进青年大学生的成长和发展，为他们的未来奠定坚实的基础。

高校学生管理从本质上看属于教育工作活动，涉及教育科学规律，同时也是具备具体化特征的管理工作内容，具有管理科学所包含的规律。高校学生管理是高等教育学和管理学交叉结合产生的一门综合性应用学科，它同所有的管理科学一样，研究的主题是效率，当然它具体研究的课题是高校学生管理的效率——最有效地达到大学生的培养目标。高校学生管理必须严格依照党的教育方针，为培养全面复合型人才提供有效方案指导；运用最为完备的管理模式，给学生的全面进步保驾护航；涉及的学科也非常丰富和复杂，值得进行多角度研究。

二、高校学生管理的关系处理

第一，妥善处理学生管理工作和规章制度建设之间的关系。高校学生管理要通过制定并实施必要的规章制度来实现。教育部根据党的教育方针、高校学生成长的特点以及长期以来的工作经验，已经制定了《普通高等学校学生管理规定》，这是对高校学生进行科学管理的一个基本的法规性文件。广大高校纷纷坚持从实际情况出发，建立规章制度。学生管理的实践反过来又丰富了规章制度的内容，使之更全面化、科学化。

第二，妥善处理和把握学生管理工作和思政教育之间的关系。在特别强调学生管理的巨大价值的基础之上，不能够忽视思政教育所发挥的保障性作用。单纯强调两个中的一个均是片面和不可取的做法。因为管理也是教育的一种手段，教育又能保证管理工作有序落实，因此只有将管理工作和思政教育整合成一个有机整体，才能够促进学校工作有序进行。

三、高校学生管理的内容

高校学生管理的阶段是从学生入学到学生毕业，涉及的内容有很多，其中较为主要的有以下几个。

（一）德育管理

高校在开展学生管理工作时，德育管理是一项十分重要的内容。所谓高校学生的德育管理，就是高校结合学生身心发展特征以及道德素质塑造规律，在学生心理层面上进行系统影响，进而将思想道德转化成为学生的思想品德的管理过程。也就是说，高校在开展学生管理工作时，要注意与德育相结合。

（二）学习管理

学习管理是高校按专业教育标准，有目的、有计划地对高校学生展开一系列的专业教育，帮助学生成长为有着丰富、系统的专业知识与技能的合格人才。具体来说，高校学生的学习管理需要包括以下几方面的内容。

第一，高校学生学习知识的管理。

第二，高校学生技能培养的管理。

第三，高校学生智力开发的管理。

（三）学籍管理

高校学生的学籍管理指的是学校针对获得学习资格的大学生的学籍情况展开的管理工作，包含了入学注册、成绩考察和记录、升级、留级、转系、转学、奖励、处罚、休学、退学、毕业资格审查等诸多内容的管理。高校学生的学籍管理应全面贯彻我党的教育方针，遵循教育事业的发展规律，充分考量高校学生的身心特征，制定出严格而又规范的制度规章，确保学籍管理有效性。具体来说，高校学生的学籍管理需要做好以下几方面的工作。

第一，做好高校新生的入学审查。

第二，做好高校学生在学习过程中的成绩管理。通过有效的成绩管理工作可以更好地了解学生的学习情况，或者根据教师教学质量情况也可以加强对学生学习情况的了解，并在这一过程当中发现学生学习存在的实际问题，找到有针对性的解决方案，有效调动学生的学习热情。

第三，做好高校学生的毕业资格审查。

（四）生活管理

在高校学生管理工作中，学生生活方面的管理是一项非常重要的内容。其不仅会影响到学生的身心能否得到健康发展，而且会影响学生能否建立正常的学习、生活秩序，还会影响到高校的人才培养目标能否得到有效实现。因此，高校必须要对学生的生活管理予以足够的重视。

高校学生的生活管理包括的内容非常丰富，涉及学生在校期间的所有生活活动的相关管理，比如饮食、服装、健康、起居等管理工作。

（五）行为管理

高校学生的行为管理也是高校学生管理的一项重要内容。所谓高校学生的行为管理，就是高校要对学生的日常行为进行指导、监督、检查及纠正，以引导大学生切实形成良好的行为。

这里需要特别指出的一点是，在对高校学生的行为进行管理时，需要提高对学生道德行为塑造的关注程度，引导学生塑造健康、道德的行为，提高学生的身心健康水平。

（六）体育管理

学生要想成才，为我国的社会主义现代化建设作出贡献，首先要具有健康的身体。因此，在高校学生管理工作中，学生的体育管理也是一项不可忽视的内容。

所谓高校学生的体育管理，指的是学校引导学生遵循体育锻炼标准，面向高校学生展开的计划性与目的性的体育教学指导和体育锻炼，进而帮助学生形成健康体魄，促使学生更好地迎接学习生活、适应工作需要的管理过程。此外，高校学生的体育管理要想取得良好的成效，应特别注意以下几个方面。

第一，高校学生的体育管理必须与大学生的身心特点相符合。

第二，高校学生的体育管理必须与教育规律相符合。

第三，高校学生的体育管理必须与学校体育管理原则相符合。

第四，高校学生的体育管理要尽可能以最少的投入来获得最佳的体育管理效益。

（七）课外活动管理

高校学生的课外活动管理涉及两个方面：一方面是高校学生在校内的课外活动管理；另一方面是高校学生在校外的活动管理。在具体开展这一管理活动时，以下几方面要特别予以注意。

第一，要确保课外活动有正确的方向，以便真正丰富大学生的精神生活，陶冶大学生的高尚情操。

第二，要确保课外活动能够有效提升学生的政治觉悟和思想道德水平，引导学生建立正确的世界观，培养学生社会主义道德素养。

第三，要确保课外活动能够使大学生获得较多的人际交往能力，以有效培养大学生的人际交往能力和适应社会的能力。

第四，要确保课外活动能够有效培养和发展大学生的兴趣、爱好，发挥大学生的特长。

（八）卫生管理

高校学生的卫生管理也是高校学生管理的一项重要内容，具体涉及以下几个方面。

第一，高校学生的作息制度卫生管理。

第二，高校学生的教学卫生管理。

第三，高校学生的课外活动卫生管理。

第四，高校学生的体育锻炼卫生管理。

第五，高校学生的校园环境卫生管理。

第六，高校学生的教学设备卫生管理。

第七，高校学生的膳食卫生管理。

第八，高校学生的供水卫生管理。

第九，高校学生的住宿卫生管理。

第十，高校学生的心理卫生管理。

第二节　高校学生管理的对象和任务

一、高校学生管理的对象

所谓管理对象是指“管理活动的承受者”。随着人类认识的深化和管理的科学化、复杂化，不同时期、不同学派对“管理对象”有不同的见解：一是指管理活动所作用的各种具体对象。最初是人、财、物三要素，后增加了时间、空间，成为五要素，又增加了信息、事件，成为七要素。二是指管理活动所作用的特定系统，即把管理对象作为由多种因素组成的有机整体。系统与外界环境有信息、能量、物质交流。高校学生管理作为高等学校管理工作的重要组成部分，其对应的工作对象无疑是指高校学生，从广义角度来看，这些学生应包括所有在高校求学的学生，即专科生、本科生、硕士生、博士生等。因为这些人都是高校学生管理活动的承受者。高校学生管理涉及诸多知识体系，包括管理学、教育学、青年心理学、政治学、人才学等，因此，高校学生管理工作从整体上看是一门应用科学，表现出突出的政策性与综合性特征。高校学生管理工作的研究对象是比较特殊的，其研究对象是学生管理活动的本质、内在联系以及发展规律。①

高校学生管理是学校管理的重要组成部分，与其他管理工作一样，它也以教育领域中的特殊现象和规律为研究对象。然而，高校学生管理工作又具有相对的独立性，因为它必须遵循教育领域总规律的支配和制约，与其他管理工作有所不同。只有充分认识到高校学生管理工作与其他管理工作之间的密切联系，同时也认识到它与其他管理工作的不同点，才能真正揭示高校学生管理现象本身所具有的特殊规律。这样，高校学生管理工作才能成为一门具有特色和成效的管理工作。因此，对于高校学生管理工作的研究和实践，需要综合运用教育学、心理学、社会学等多个学科的知识和方法。同时，高校学生管理工作也应该注重学生的个性化需求和发展，采取因材施教、分类管理等措施，促进学生全面成长。此外，高校学生管理工作还需要与时俱进，紧跟社会发展和学生需求的变化，不断创新管理模式和方法，提高管理效能。只有这样，才能更好地实现高校学生管理工作的目标，为培养优秀人才和推动社会进步作出贡献。

二、高校学生管理的任务

高校学生管理的任务具体来说有以下几个。

（一）为大学生全面发展服务

高校学生管理的一项重要任务，就是有效贯彻和落实党的教育方针和学校的培养目标，执行《普通高等学校学生管理规定》，积极提升学生综合素质水平，强化学生的自我管理与自我教育的能力，促进学生最终成长为德、智、体、美、劳全面发展的高素质人才。

（二）总结管理工作的经验与教训

总结高校学生管理工作当中的经验与教训也是高校学生管理的一项重要任务。高校学生管理是一种既古老又年轻的社会工作，说它古老是因为它有着悠久的历史传统，说它年轻是因为它有着崭新的时代内容。自 20 世纪初期，我国就开始探索高校学生管理的经验，而且每一个时期都有不同的学生管理工作理论基

① 刘伦. 高校学生管理制度创新探索[M]. 重庆：重庆大学出版社，2006.

点和实践探索。这些对于当前更好地开展高校学生管理有着很大的借鉴价值，所以应该高度关注对学生管理经验教训的总结研究，促使其发挥出新的活力。

（三）构建新型高校学生管理模式

对于高校学生管理来说，还有一项重要的任务便是在归纳过去学生管理经验教训，同时也对国外先进经验进行借鉴吸收的前提条件之下，融合有关学科理论，如社会学、教育学、心理学、文化学等，最终打造与时代接轨，同时又带有浓郁中国特色的高校学生管理模式，以便在提高高校学生管理质量的同时，促进我国高等教育的进一步发展，即能够根据时代的发展要求培养出更多、更优秀的高素质合格人才，为我国的社会主义现代化建设事业添砖加瓦。

（四）完善高校学生管理的体系

就当前来说，我国高校学生管理已经取得了十分丰富和宝贵的经验；但就总体情况而言，它与不断发展的中国特色社会主义的形势和趋势还存在着某些不适应，还面临着许多亟待解决的问题。因此，无论是从理论要求上，还是从实践需求上，我国高校学生管理都需要科学化、理论化、法制化、人性化等诸方面的规范。这就要求高校学生管理工作者必须加强该领域的科研工作，进行深层次的探究，做好创新创造工作，了解目前学生管理中的新问题，把握其中的新内容，了解其新特征，努力用新方法、新思路和新手段去适应学生管理的新规律和新形势，使高校学生管理的理论和方式与时俱进，形成一个更加健全和内容丰富的管理体系。

第三节　高校学生管理的发展历程

这里主要介绍的是我国高校学生事务管理的发展概况。

一、20 世纪 70 年代末期—20 世纪 80 年代中期

党的十一届三中全会以后，在我党的精心呵护下，我国的文化事业得以重建，建立了一套符合中国社会国情的发展体系。最开始我们主张的是“学生政治思想工作”，从这几个词语的顺序上来看我们就可以发现，之前工作的重心在政治工作上。而在这之后，中央领导提倡将学生教育的主张改为“学生思想政治工作”。

如果我们将前后四个字分开来理解的话，“学生思想”主要解决的是学校的学生在思想方面的问题，而后面的政治工作，很明显是建立在学生思想的基础之上的。换句话来说，这一时期政治工作的内容就是学生的思想工作。

我国改革开放的初期，外界各种先进的技术以及各种思想进入我国，这从某种程度上来说，丰富了我国学生的思想。但这些思想中也不乏一些消极负面的内容，因此才使我国对于学生的管理比之前更加严格，主要表现在我国出台的一些相关的政策文件上。这些文件的出台对当时的管理起到了非常重要的作用。

（一）管理机构设置

这一时期学生的管理机构并没有独立存在，而是通过学生人事处来实现学生的管理。从某种程度上来说，其有一定的局限性，不利于对学生的管理。

（二）学生活动原则

这段时期的学生活动内容较为单一，主要是党团教育活动、班集体活动、文体活动，并以严格管理学生为原则。

（三）重新确立德育地位

在之前的管理中，我国基本都是由政治统率教育。改革开放以后，我国便开始逐渐将政治与德育的比重进行了一些调整，德育开始变得重要。我国从这时候起开始了一种新的学生工作管理模式。

（四）辅导员制度

与现在的辅导员比较起来，在当时的那个年代，学校对于辅导员没有严格的要求，有的是选拔优秀毕业生担任辅导员工作，有的是从其他的岗位转岗过来的。

二、20 世纪 80 年代中期—20 世纪 90 年代末期

中共中央颁布的《关于教育体制改革的决定》（以下简称《决定》）所归纳的是我国教育事业发展历程当中的正面经验以及反面经验，尤其是十一届三中全会召开以来，在教育改革层面所累积的经验与方法，指明了国家教育体制改革要遵循的战略性目标，同时也明确了改革目的，以及在改革工作当中要遵循的指导方针。

《决定》指出，要对高校招生计划以及高校毕业生分配制度进行全面创新，

赋予高校更大的办学自主权，简单来说就是要扭转高校依照国家计划进行统一招生、在学生毕业时实施国家统一分配的情况，在国家计划的正确引领之下实施本人填报志愿、学校推荐、单位择优录取相结合制度。此后，按照《决定》指明的方向，各高校循序渐进地开始进行毕业生分配制度的改革。

（一）管理范围

此时的学生管理工作的范围与之前相比拓宽了很多。最初我们只是停留在学生管理的表面阶段，发展到这一时期，学生管理工作范围得到扩大，延伸到毕业工作方面。这对于学生管理来说是从来没有接触过的，是全新的内容，当然在这些全新的内容中，有一些是之前本来就存在的，只不过没有显露出来。

现在毕业的学生从来没听说过有哪个学校会负责分配学生毕业以后的工作，但是曾经在很长一段时间内，从学校毕业的学生都要到毕业分配办公室去，其目的就是等待分配工作，毕业之后基本不用担心没有一份可以供自己生活的工作。在经过一系列改革之后，这种“包分配的办公室”也同时进行了改革，将其变更为“就业指导办公室”。这样做的目的就是加强学生社会能力的培养，为其毕业后的工作奠定基础。

除了上述我们所说的，国家有关部门还出台了相关的政策，其内容主要是对就业指导工作人员职责的具体划分。

（二）部门设置

在此之前，学生管理工作都是与学校的普通管理工作混合在一起进行的。从这个时候开始，学生管理工作开始独立出来，作为一个独立的部门进行管理，其工作的程序也逐渐趋于系统化。

（三）管理人员的培训

这一时期，学校逐渐开始对管理学生的管理者进行系统培训。培训主要包括知识与技能两个方面，其目的主要是通过系统的培训，使管理者更加善于对学生进行管理。

（四）学生社团的管理

在此之前，学校内由学生组成的社团，除了由学校教师直接干预的学生会之外，很少有独立存在的社团。在这之后，由于政策的指导，学生社团大量出现，学生自我管理的能力逐渐加强。

三、20世纪90年代末期—2006年

这段时期，我国开始连续扩大招生规模，高等教育发展进入了一个新的阶段。

（一）人才培养

此时，我国高等教育已经全面实施市场化高校学生就业制度，这意味着高校需要更加注重培养符合市场需求的人才。同时，高等教育也开始实行成本分摊与后勤社会化制度，以提高资源利用效率和降低学费负担。为了加快高等教育大众化步伐，我国也在不断推进普及教育的发展，让更多人有机会接受高等教育。然而，随着就业市场的竞争日益激烈，大学生的就业压力也在不断增加。因此，高校需要更加注重培养学生的实践能力和创新精神，以提升他们在就业市场上的竞争力。除此之外，信息化和全球化等因素也对高校人才培养产生了全面影响。随着科技的不断发展，高校需要不断更新教学内容和方法，以适应时代的变化。同时，全球化也让人才流动更加便利，高校需要更加注重国际化教育，培养具有全球视野和跨文化交流能力的人才。这些变革也导致高校人才培养模式和管理模式发生了翻天覆地的变化。高校需要更加注重学生的个性化发展，提供多元化的教育选择和培养方案，以满足不同学生的需求。同时，高校也需要更加注重教师的专业发展和素质提升，以提高教学质量和水平。此外，高校还需要加强与企业、社会的合作，建立产学研一体化的人才培养模式，以更好地满足社会的需求。总之，高等教育在市场化、成本分摊与后勤社会化、大众化、信息化和全球化等方面都发生了深刻变革。高校需要不断适应时代的变化，注重培养学生的实践能力、创新精神和国际化视野，同时也需要加强教师的专业发展和与社会的合作。这些变革将推动高等教育向更加开放、多元化和创新的方向发展，为培养更多优秀人才作出贡献。

（二）资助体系

随着我国普及教育的推进，进入高校的经济困难学生数增加，高校急需构建“奖、贷、助、减、免”资助体系。于是1999年教育部、财政部下发《关于进一步加强高校资助经济困难学生工作的通知》来改善这种状况。

（三）心理健康教育工作

一些高校学生面对日益增大的学习与生活压力，还有经济方面以及就业层面上的压力，开始产生各种各样的心理障碍问题。2001年《教育部关于加强普通

高等学校大学生心理健康教育工作的意见》指出，高校培育的学生不仅要有良好的思想道德素质、文化素质、专业素质和身体素质，而且要有良好的心理素质。2002年教育部办公厅又印发了《普通高等学校大学生心理健康教育工作实施纲要(试行)》，指出要提高对学生心理健康教育工作的关注程度，加强对他们的心理咨询与辅导，提升对高校心理咨询的要求。

（四）就业管理

伴随第一批扩招毕业生的到来，高校毕业生就业压力急剧增加。每年大学毕业生人数不断增加，使得就业压力越来越大。为了解决这一问题，教育部、公安部、人事部和劳动保障部四个部门紧急出台了《关于进一步深化普通高等学校毕业生就业制度改革有关问题的意见》，随后又发布了《关于切实做好普通高等学校毕业生就业工作的通知》。这两份文件强调了高校毕业生就业工作的重要性，并提出了在招生、培养、国家经费投入和就业之间建立相互联系、制约和促进的管理运行机制，以解决毕业生就业难的问题。这两份文件的出台，使得各高校对毕业生就业工作的关注达到了前所未有的程度。

为了贯彻落实这两份文件，几乎所有高校都成立了“就业指导办公室”或“就业指导中心”，并将其纳入学生工作处的管理范畴。这些指导办公室或中心的主要职责包括为在校生开设就业指导课程，帮助学生明确职业目标，收集、发布就业信息，传授就业技能，提供与就业相关的咨询和培训，并与用人单位联合举办就业宣讲会和毕业生招聘会等活动。这些措施旨在帮助学生更好地适应就业市场，提高他们的就业竞争力。同时，这些措施也促进了高校与用人单位之间的联系和合作。通过举办就业宣讲会和毕业生招聘会等活动，高校可以为学生提供更多的就业机会，同时也能够帮助用人单位更好地了解毕业生的情况和需求，从而更准确地招聘合适的人才。

（五）学生管理

学生管理工作具备了非常鲜明和完备的理论根基。在马克思主义理论以及国家优秀教育方针的共同引领之下，广大高校积极吸收多学科研究成果和先进理论，逐步丰富了学生管理理论基础。在具体的工作实践当中，学校越来越关注对学生思想与特征的分析，关注学生的心理需要，尊重并且保护学生的利益，在积极约束学生行为的基础之上，建立了服务人才的正确理念。

对外学生管理方面的沟通互动以及培训研讨活动逐步增多，国外学校访问学习与国际学术交流等为传播具有创新性的学生管理理念提供了优质平台。

学生事务管理制度得到完善，学生事务管理专职人员的素质不断提高。广大高校依托选留硕士毕业生担当专职辅导员，激励低学历管理人员提升学历等方法，极大程度上优化了学生管理工作专职人员的学历结构。

四、2006年至今

（一）教育教学改革

伴随高校教育步入大众化发展时期，国家对高校发展的要求也发生了翻天覆地的变化，开始从单纯注重规模扩大以及数量增多，变成了寻求质量的提升。党中央、国务院明确指出要把高等教育发展的重点放在提高质量上，适当控制招生增长幅度，稳定招生规模，着力培养学生的社会责任感、实践能力和创新精神。教育部与财政部联合实施“高等学校本科教学质量与教学改革工程”。随后出台的《教育部关于进一步深化本科教学改革全面提高教学质量的若干意见》强调，要深化教育改革，提高教育质量。从这一角度分析，提升质量的思想观念，已然变成国家高等教育所坚持的时代主旋律。

（二）学生管理

高校学生管理是高等教育工作的组成要素，提升学生管理质量也是高等教育发展要实现的目标，想要保证这一目标的达成，就要坚持走专业发展的道路。与此同时，在市场经济背景下，用人单位给高校毕业生的素质层次提出了更高的要求；信息化背景下的开放办学也面临着如何教育、引导和服务大学生的新挑战。社会经济和文化水平的发展变化及高等教育自身所进行的种种变革，使高校所处的生态环境中隐含着众多可变性和未知的因素。具有不可预测性的学生事务管理，在上述背景下已显露出一些不足，因此需要走专业化改革道路。

我国高校学生事务管理正处于专业化发展的时代，呈现出多个特点。第一，学生事务管理机构更加完善，管理与服务内容也得到拓展。第二，学生课外活动内容多元化。此外，学生事务管理已经确立了“以人为本”的理念，并建立了系统化的理论基础，使学生事务管理的使命更清晰。第三，推动学生事务管理学科建设也成了当前的趋势。第四，一些高校开始在高等教育学专业下设立学生事务管理研究方向，招收研究生，并组织成立相应的学会组织，经常举办学生事务管理相关内容的研讨会。

总之，在经历了超过40年的发展之后，高校学生管理已经从单纯强调思想政治教育转变为教育、管理和服务并重，学生管理工作体系从单一的思想政治教育变成思想政治教育和学生事务管理两个子系统。在这一过程中，学生事务管理专业化水平得到了显著提高。

第四节　高校学生管理的指导思想和原则

一、高校学生管理的指导思想

我国高校学生管理需要注意运用以下几个方面的理论观点和指导思想。

（一）马克思主义关于人的全面发展的理论

坚持马克思主义关于人的全面发展的理论，培养有理想、有道德、有文化、有纪律的全面发展的高级专门人才，是中国高校教育事业发展过程当中必须把握的任务内容。

我国高校的社会主义大学性质决定了其要培育出来的高校毕业生既要拥有强健体魄与良好的科学文化基础，还需要拥有极高的思想觉悟，成为合格的四有青年。要培养这样的人才，我国高校就必须按照马克思主义关于人的全面发展的教育思想办学。马克思主义教育理论的核心是人的全面发展。培养德、智、体、美、劳全面发展的建设者和接班人的教育方针，是马克思主义教育理论精髓的具体运用。[①]

（二）马克思主义关于辩证唯物主义的理论

运用马克思主义关于辩证唯物主义的理论，用对立统一观点指导高校学生管理，在管理中坚持整体观。马克思主义辩证唯物主义哲学是所有社会与自然科学的理论根基。马克思主义认识论、方法论会在全部的社会与自然学科当中渗透，当然也在高校学生管理工作当中渗透融合。从纵向角度进行分析，坚持整体观所强调的是，要实现整体和局部统一。就学生管理工作整个系统来看，构成有机整体当中的每一个组成部分属于一个个分支系统，也就是局部。学生管理系统所具备的整体性功能，实际上是由各个组成部分的组合形式所决定的。虽然每个分支系统有着各自不同的功能，但不论如何都应该服从学生管理系统的整体功能，确

① 陈少雄，宋欢．“三大创新”推动高校学生思想政治教育工作化无形为有形[J]．高教探索，2018（8）：104–106．

保每个分支系统当中的每个组成要素均是为整体目标达成而构建的。从横向角度进行分析，坚持整体观念强调的是，要妥善处理每个分支系统的分工和合作，保证二者的一致性，坚持将各个部门均协调到培育全面型人才这个目标上来，确保共同管理目标的达成。

（三）高等教育和现代管理科学理论

运用高等教育和现代管理科学理论指导高校学生管理，使大学生管理科学化。现代治校观念要求管理者依靠现代科学来管理学校和学生。具体来讲有以下两个方面。

第一，要依靠教育科学，要遵循教育的外部规律与内部规律办事。例如，高等教育的规模由一定的经济基础所决定，反过来又作用于一定的经济基础。高等院校作为高等教育的主要载体和平台，人才、资源、市场面临着越来越激烈的竞争，理念、体制、结构也面临新的变革和调整。高校要准确把握社会脉搏，直接面对市场办学。大学生管理也要研究新情况，解决新问题，面向21世纪培养高素质的复合型人才。

第二，要运用现代管理科学的理论与方法进行管理，使学生管理队伍的组织机构严密、管理制度科学、人员分工合理、职责范围明确、奖惩分明、动作协调、工作高效等。运用现代管理科学指导学生管理主要是运用它的基本原理，即系统整体性原理、要素有用性原理、动态相关性原理、人的能动性原理、规律效应性原理、时空变化性原理、信息传递性原理、控制反馈性原理等。

（四）国家的方针政策

国家的方针政策是高校学生管理的行动准则，因此高校在开展学生管理工作时，要切实以国家的方针政策为指导。

在我国，高等教育事业是国家总体事业的一个重要组成部分，这就决定了高等教育事业必须与一定时期社会的政治、经济发展相适应。由于高校学生管理是影响高等教育事业发展的一个重要环节，因而在开展这项工作时必须以党和国家在一定时期的方针政策为依据。否则，高校学生管理无法取得良好的成效，高等教育事业的发展也会受到制约。

自中华人民共和国成立以来，党和国家为推动高校学生管理工作的顺利开展，制定了许多方针政策。对于这些方针政策，高校学生管理工作者必须认真研究，并在工作中科学地反映这些政策，保证方针政策得到切实的贯彻执行。此外，高校学生管理工作者必须认真地将方针政策在贯彻执行中所遇到的困难和问题主动地向上级反映和汇报，以便方针政策能够得到不断丰富与完善。

（五）我国高校学生管理的成功经验

中华人民共和国成立后，多年来高校学生管理工作的成功经验是当今学生管理工作的宝贵财富。

第一，社会主义大学必须坚持中国共产党的领导，坚持社会主义方向，这是我国多年来办大学的一条基本经验。坚持党的领导就是用党的路线、方针、政策作为社会主义大学管理的基本指导思想，就是要确保社会主义大学的社会主义方向，调动全校师生员工的积极性，为培养德、智、体、美、劳全面发展的高级专门人才努力奋斗。

第二，管理工作规范化、制度化。把既符合社会主义方向的，又经过实践检验比较成熟的民主管理和科学管理体制、程序、办法用制度形式固定下来，使工作形成规范，其中心点是责、权、利相结合，使制度的思想性和科学性统一。

第三，坚持理论联系实际的原则，面向社会实践，将教育与生产劳动相结合。社会主义大学培养的人才，必须适应社会主义市场经济的需要，在思想上有高度的社会主义觉悟和共产主义献身精神；在业务上不仅要有理论知识，而且要有较强的分析问题和解决问题的能力，要有实干精神和较强的独立工作能力。

二、高校学生管理的基本原则

（一）高校学生管理的基本原则的概述与依据

1. 原则概述

原则是对客观规律的反映，是观察问题和处理问题的准绳。高校学生管理的基本原则是指，高校在对学生实行全面管理和全程管理的过程中，观察、认识和处理各种矛盾和问题所必须遵守的基本准则，是对学校各级、各方面管理人员进行科学化管理所提出的基本要求。高校学生管理的基本原则是以社会主义高等学校人才培养规格为目标，认真总结学生管理活动的经验教训，不断归纳提炼出来的；是学生管理活动发展到一定阶段的必然产物，它有着丰富的内容，是一个多层次的、相互联系的完整体系。

管理原则所展现的是学校管理的基本规律与本质特点，在学生管理实践当中发挥着积极作用。管理工作人员在工作实践中，总是自觉或不自觉地遵循着某种原则，而只有在科学的原则指导下，才会确保学生管理效果顺利达成管理目标。高校学生管理工作涉及的范围很广，包括学生行政管理、学习管理、生活管理、思想政治教育管理、校园文化活动管理等。因此，要使整个管理工作有序进行，实现高校学生管理的科学化、系统化和规范化，就必须认真贯彻执行学生管理的基本原则。

随着高校扩招、高等教育规模的扩大、高等教育由精英教育转向大众教育以及高等教育改革的不断深化，各种新事物、新问题不断涌现，高校学生管理也面临许多新的矛盾、新的课题。面对这些新矛盾、新课题，管理人员应该找准方向，把握目标，严格遵循和落实学生管理基本原则，勇于探索实践，一切从实际出发，深入研究学生管理的实践活动，坚持学生管理工作按客观规律办事，使学生管理各部门的工作协调一致、相互配合。

2. 原则依据

高校学生管理基本原则的形成具有很强的实践性，它源于实践，具有充分的实践依据；同时，它又以教育科学和管理科学为理论基础，有着充分的理论依据和科学依据；此外，它还需要以法律为基础和保障，即要坚持依法管理。

（1）理论依据

理论依据是人的全面发展理论和我国的教育方针。我国社会主义大学的性质决定了高校必须确保培养出来的大学生是具有较高素质的人才，除了要有健康体质以及科学文化功底之外，还应该拥有很高的社会主义觉悟水平。造就全面发展的人，是高校的培养目标，是办社会主义大学、培养新世纪建设者和创造型人才的出发点和落脚点。社会主义学校制定学生管理的基本原则，就是要以“以人为本”的思想及教育方针作为理论依据。

（2）科学依据

科学依据是指高等教育科学和现代管理科学高等教育具有自身客观存在的规律性。高等教育只有在此基础之上，才能够做到依据规律办教育，顺利达成人才培育目标。高校学生管理作为高等教育的一个重要组成部分，必须遵循高等教育的客观规律。高等教育规律分为外部基本规律和内部基本规律。

外部基本规律揭示了教育与经济的外部关系，主要反映教育在国家建设和社会发展中的地位和作用、教育投资的经济和社会效益、教育的主要社会职能等方面。尽管教育与经济、社会文化存在着相互影响与制约等诸多关系，但总的来说，在经济、社会文化与教育的相互关系中，是经济、社会文化决定教育而非教育决定经济、社会文化。因此，随着经济、社会文化的变化，教育也将发生变化以适应和服务于经济、社会文化。作为高等教育中的学生管理当然也如此，一部中外教育史，往往折射出中外的经济和社会文化变革史，这是高校学生管理者必须明确的。

内部基本规律揭示了教育的内部关系，主要反映在培养目标，不同专业人才的培养规格、途径与方法等方面，它与社会的变化密切相连。科学的发展，促使教育手段的优化，科学的发展和社会的变革对人才提出了新的要求，这又促使教育的培养目标发生变化，如此等等，不一而足。

高校学生管理必须遵循教育规律，要根据我国高等教育发展的状况，充分认识高级专门人才培养对发展社会主义市场经济所起的积极作用，使高校培养的学生主动适应社会的需要。要进一步明确社会主义高等学校的培养目标和人才规格，端正办学指导思想，摆正德、智、体、美、劳五育的关系，积极探索更为有效的管理途径与方法，使高校学生管理系统化、科学化和现代化。

运用现代管理科学的理论与方法对大学生展开科学管理是适应时代的要求。现代化管理科学给学生管理工作原则提出提供了可靠依据，就是在制定学生管理基本原则时，确保学生管理队伍组织机构的综合建设效果，制定完善的管理制度，做好内部工作人员的有效分工，确定各自的职责，做到奖罚明确、动作协调、工作高效。高校学生管理人员还要善于综合运用现代管理科学的各种原理。

（3）实践依据

实践依据是指多年来我国高校学生管理的经验与教训。例如，坚持社会主义大学管理的基本指导思想，就是要确保社会主义大学的社会主义方向，调动全校师生员工的积极性，为培养全面发展的社会主义建设者和接班人而不懈奋斗。一切管理工作都要根据对应的方针、政策去组织和实施。各项规章制度的制定都要有利于调动广大师生员工建设社会主义的积极性，有利于合格人才的培养，服务于市场经济建设工作，同时也服务于经济事业的可持续性发展，这是确立高校学生管理基本原则的立足点。

尽管高校学生管理取得了成功的经验，但并非一路凯歌，在成功中也有教训。进入 21 世纪以来，不断涌现的大学生与所在学校的诉讼案告诉我们，高校学生管理制度亟待与时俱进，要有所创新。

（4）法律依据

法律依据是指高校学生管理的基本原则之一就是要坚持依法管理。

①高校学生管理工作需要依法管理的依据主要有以下几点：

第一，依法管理学生工作是建设社会主义法治国家的客观要求。要顺利建成法治国家，既要有科学完善的法律体系作为根本支撑，又要求所有公民拥有极高的法律素养，确保国家与社会生活的方方面面都能够有法可依，体现出法律的权威性。大学生属于社会知识群体当中至关重要的组成部分，其行为深刻影响社会发展，同时还有着突出的示范作用。做好对大学生工作的依法管理，有助于贯彻新时代背景下的依法治国方针。

第二，依法管理学生工作是社会主义市场经济的客观需要。社会主义市场经济的本质决定其本身必须是法治经济。市场经济体系的完备需要市场主体积极参与、市场秩序得到维护、国家对市场进行宏观调控以及对外开放的坚持和完善。同时，公有制经济为主体、多种所有制经济共同发展的基本经济制度也需要得到巩固和完善，按劳分配为主体的多种分配方式需要有效运作，市场对资源配置的基础性作用也需要得到发挥。这些都需要法律的规范、引导、制约和保障，这是社会主义市场经济体系形成的最基本条件之一。因此，整个社会生活都需要步入依法管理的轨道。高等学校作为市场经济的主体之一，其运作也必须按照市场经济的需求进行。其中，学生管理工作是高等学校育人工作的重要组成部分，也应符合市场经济的要求。在市场经济中，依法进行是不可或缺的要求，因此高校的学生管理工作也必须依法进行。只有这样，高校学生管理工作才能够经受住挑战，融入市场经济中，并实现与市场经济的接轨。需要注意的是，高等学校作为市场经济主体之一，其学生管理工作的开展和实施必须符合市场经济的要求。这意味着高校需要遵循市场规则，注重效率和竞争力，同时也需要遵守法律法规，保障学生的合法权益。只有这样，高校才能够在市场经济中保持竞争力和可持续发展。

第三，依法管理学生工作是高校内部改革的需要。伴随改革开放工作的持续深化，高校后勤工作加快了社会化发展的进程，这样的做法不仅能够帮助高校集中精力与注意力做好人才培养工作，有效促进社会进步和科学发展，还可以为第三产业建设和创造就业机会提供支持。落实开放性管理工作，要让学生同时适应后勤服务社会化管理以及达成高校教育目标，促进学校管理和社会管理充分对接，把依法管理落到实处。

第四，依法管理学生工作是师生个体完善的内在要求。随着社会的不断发展，我国的法律体系变得越来越丰富与完善。如今法律已然渗透于社会生活的方方面面，约束着人们的行为。在高校这个范围当中，学生间、师生间、学校和学生间都能够找到法律法规的适用内容以及适用范围。所以依法推进学生工作，有助于培养学生良好的法律意识，督促学生明确个人的权利、义务以及职责。这样的做法可以进一步促进全社会法治化工作的实施，促进法治国家建设。

②高校学生管理工作迫切需要依法管理，主要体现在以下几方面：

第一，很长一段时间以来，思政教育一直都是高校学生管理实践当中至关重要的组成部分，同时也发挥着极大的作用。如今大学生的行为越来越社会化，只凭借思政教育的力量，远不能满足学生综合发展的要求，只有逐步落实依法性的学生管理，才可以逐步帮助学生教育管理工作走出困境、迎来光明。

第二，全民普法教育虽然已经开展了很多年的时间，大学生法制教育也步入到学生的学习课堂，但在具体工作实施当中，部分执法部门因为考量大学生的前途问题，在处理一些事件时，会在某种程度上影响法律的严肃性。

第三，在高校学生管理工作中，部分学生违反纪律之后出走的相关事件时有发生，给学生管理工作带来了很大困难。且部分家长会将责任推给学校，导致学校的教学与管理无法正常推进，给实际工作带来了难度。所以落实依法管理有助于引导个人明确自身的法律责任，避免上述问题频繁发生。

第四，在步入 21 世纪之后，高等教育迎来了巨大挑战，当然人们的思想理念也在发生着变化，素质教育日益演变成当前教育改革的重要方向。用法律管理学生，依托法律法规约束学生行为，可以大幅度提升学生管理工作质量与效率，也能够明显减轻管理人员劳动强度，为实现素质教育目标提供良好条件。

③依法开展高校学生管理工作的内容如下：

第一，基于高校的实际情况制定出专项法律法规，做好严格规范工作。就目前而言，高校在处理学生违规违纪工作方面存在尺度不一的情况，可能容易失去应有的公平性，但是如果以明确的法律法规为公平统一标准的话，就会让实际工作的处理变得更加客观，提高处理效果。

第二，强化对高校学生的法律意识培养工作。现如今高校法律课程通常是在某个年级开设，教育形式单调，安排的课时很少，并无法确保学生系统接受法律知识，影响学生法律意识的形成。所以应该加大学生法律意识的教育力度，并把这样的教育内容贯穿学生的学习全过程。这样的做法不仅可以大大便利于学生在校期间管理工作，还可以帮助学生树立良好的法律意识，形成法律习惯，为他们今后步入社会提供保障，为社会法治化作出自己的贡献。

第三，应该着力打造对学生管理工作进行依法管理的良好育人环境。依法管理不能只是针对学生，应该面向学校的方方面面，特别是要提高管理干部以及教师群体的法律意识。在对师生间以及教师间问题进行实际处理的过程中，必须把依法管理作为根本准则。在对管理规定进行制定时，必须考虑到法律的一致性。在执行依法管理时，应该彰显一视同仁以及人人平等的原则，把依法管理落到实处。

第四，要着力打造一支能够胜任依法管理工作的学生管理干部队伍。为了确保学生管理工作当中的依法管理，必须把建构优秀的管理干部队伍作为重中之重。具体来说，可选拔拥有很高思想政治觉悟，并且热爱学生工作的人员，面向他们开展法学理论培训，增加他们的法律专业知识积累，同时可以激励他们攻读法学类研究生或者是进行法考，把他们当作基础力量；或是外聘专职司法工作者，组建专门的学生法律援助组织机构以及仲裁机构；当然也可以积极联系司法部门，协同处理各种各样的申诉事件。

依法管理对于高校学生管理工作来说无疑是一条强有力的工作路径，不过在具体工作实施当中不能够抛弃过去的思政教育模式，而是要主动将二者进行结合，确保学生行为和社会行为管理的有机整合，将大学生培育成合格的四有青年。

（二）高校学生管理的基本原则的内容

1. 工作方向性原则

管理是一种有目的的活动，管理工作必然具有方向性。以坚持社会主义方向为准绳，这是我国学生管理工作的一个本质特点。社会性质会制约学校性质，从而决定学校管理工作性质，所以高校学生管理工作作为一种有目的、有意识的自觉活动，为社会主义现代化建设培养、造就大批合格人才，这无疑是高校学生管理应该严格遵照的最基本和最重要的原则内容。

2. 理论与实践相结合原则

将理论与实践相结合，坚持实践是检验真理的唯一标准，这是马克思主义的基本原理，也是高校学生管理的基本原则。准确领会和掌握马克思主义相关科学及各种管理原理，把握它们的精神实质，这是搞好学生管理工作的前提。但是，管理原理的应用价值和范围是受不同学校、不同管理对象和管理者水平等因素制约的。党和国家在社会主义现代化建设进程中有着基本的教育方针和政策，在各个不同发展时期，针对不同特点，又提出一系列具体的方针、政策和要求。这些方针、政策和要求，应当体现在各高校学生管理的具体措施、方法之中，但是科学的学生管理还要从本地区、本校、本专业、本年级学生的具体情况出发，从学生的素质、兴趣、爱好和青年的生理、心理特点等出发，制定出相应的方法和措施。

3. 行政管理与思想教育相结合原则

要对高校学生的思想道德素质进行有效培养，就必须开展必要的说理教育，与此同时还需要持之以恒抓好行为训练，把学校提出的教育要求转化成为学生自觉坚持的行为习惯，否则会直接影响教育效果的巩固。要训练与培育学生正确行为习惯，少不了科学化管理工作的开展，假如欠缺有效的规章制度与行为规范，那么思政教育也会变得苍白无力。行政管理在这一过程当中扮演着重要角色，能够给教育工作带来规范原则以及纪律方面的保障。不过这些内容是学校和社会集体意志提出的要求，对学生行为进行了外部限制，想要单纯依靠管理制度的方式来化解学生存在的复杂精神世界问题无疑不切实际，同时也是一种违背教育规律的表现。高校制定学生管理方面的策略，应该把提高学生的认知水平、增强学生的自觉性作为前提条件。自觉纪律来自正确认知，更需要有正确教育的引导，所以高校必须通过有效的思想教育，增强学生执行纪律的自觉性，确保实际的管理效能。

4. 民主管理原则

培育学生自我控制与管理能力，引导学生在实际管理过程当中建立主人翁意识，增强学生自我管理热情，是做好高校学生管理工作当中非常重要的内容。民主原则符合这样的管理要求，也有助于管理质量的提升。

就学生心理特征而言，高校学生处在自我发现阶段，该阶段他们支配自我与环境的意识非常强烈，其思想与行为也和中学阶段有着明显的差异，具备很强的独立性，渴望个人意志与人格得到外部尊重。他们会深入思考学校规章与行为纪律的合理性，而不是被动服从，渴望成为学生管理工作的参与者。根据学生培养目标和他们的心理特点，在实际的管理工作中应该倡导民主，让学生成为管理主体。在实行民主管理时，应注意发挥党团员学生的作用，重视学生干部的选拔与培养，这是调动学生心理中的积极因素、实现学生民主管理的重要任务之一。

第五节　高校学生管理的管理机构与队伍建设

一、高校学生管理的管理机构

（一）大学生管理机构的结构形式

大学生管理机构从理论上可以归纳为“直线型”“职能型”“直线－参谋型”“直线附属型”“矩阵结构”等形式。目前，多数学校采用的是“直线－参谋型”或“矩阵结构”形式。

“直线－参谋型”的结构形式是把大学生管理人员划分为两类：一类是直线指挥人员，如校、系负责人，他们拥有对较低层次学生管理部门实际指挥和命令的权力，并对该组织的工作负全部责任；另一类是职能管理人员，他们属于直线领导助手与参谋人员，只能在业务层面上指导下一级管理机构，而无法直接发出命令以及进行指挥。

“直线－参谋型”的最大优点是它的上下级关系很清楚。这种结构形式中的职能机构是依照职能分工的，承担学生在行政、生活、思想、教学等层面的管理任务，利用各自分管的学生管理任务确保业务指导和相关管理任务的顺利执行。

具体而言，职能机构承担着以下责任：向领导提供相关情况和报告，提出建议和方案以供领导参考作出决策；监督下属机构对上级领导的指示、命令和计划的执行情况，以便更好地贯彻领导的指示和意图；协助各级领导具体处理与学生管理相关的业务，为下属管理机构创造完成任务的保证条件，并在业务上指导和帮助下属组织。这种“直线—参谋型”结构的领导关系简单明了，能够保持集中统一的指挥和管理，避免机构系统中出现多头指挥或无人负责的现象。因此，在学生管理方面出现问题时，这种结构形式可以采用逐级上报的方式，直到问题得以解决。同时，各级领导人员都有相应的职能机构作为参谋，可以充分发挥其在管理方面的作用。这种结构可以确保领导层与下属机构之间的有效沟通和协调，使得学生管理工作能够更加高效地开展。但是，事物之间除了纵向联系外，还存在着横向联系，“直线－参谋型”的结构形式在实际执行中也有明显矛盾。①

由于该结构系统的客观原因，在一系列组成单位中不得不分散管理职能，这样，当管理建立在把一切工作形式明确地独立出来和对职能有明确分配的时候，这种管理活动的每一个参与者就都能够明确目标。然而，虽然这些职能机构都是按照学校统一计划、统一部署进行工作，但是因为分管的业务存在差别，在处置问题的过程中有着不同的角度和策略，所以常常会出现矛盾。此外，在这种结构系统中，垂直联系高于一切，解决与战略任务并存的、大量的具体管理问题的任务和权力聚积在上层，诸如伙食问题、寝室问题等具体问题经常压倒一系列长远任务，而使在系统发展过程中所产生的新任务的解决变得困难。

因此，高校学生管理需要有这样一些管理机构，它们能较好地使学生管理系统发挥作用，在较特殊的情况下，能有效地协调各方面的职能，而“矩阵结构”管理系统就是这样一种结构。这种结构不是从现有的隶属等级立场出发，而是集

① 陈锦山．高校学生事务管理模式的建构：评《高校学生事务管理模式创新》[J]．新闻与写作，2017，(6)：115．

中在所有形式的管理活动整体化和改进这些活动形式的协调动作上。因为只有这样，才能创造条件有效地促进管理目标的实现。例如，为了加强对学生的思想政治教育及对学生的全面管理，为了开展评先奖优活动，在党委和校长领导下成立的学生工作委员会、奖学金评定委员会、毕业生分配委员会、群众体育运动委员会等，都是按照专项分工，把各职能部门工作从横向联系起来，形成全校学生管理工作的矩阵组织结构。

矩阵组织结构的特点：纵向的是“直线—参谋型”组织形式，按层次下达任务，各有关职能部门按其职责范围贯彻学生工作计划；横向则是由职能部门抽人组成的，按其专项任务分工的组织，这些组织中的人同时接受职能部门的主管和专项主管的双重指挥。这些职能部门按矩阵型结构有机地结合在一起，互相配合，对学生工作进行综合管理。

在这种结构形式下，原有管理结构仍然是完整的，但实质上，管理结构的权力关系和它的各个部门的职责却发生了变化，即把作出决定的责任和对执行情况的监督归为专项工作组织，而职能部门则从系统所要求的信息、管理工作的实施和其他方面来保证系统实现其管理结果。学校领导则可从一些非原则性的日常问题中摆脱出来，并可以提高管理结构的中间层、较低层次的灵活性和对解决问题的质量的责任感。

（二）大学生管理机构的设置

在具体机构设置方面，我国高校的学生管理机构设置是多种多样的。传统的机构设置方式是党委、行政并行发展。有的学校在党委领导下设立学生工作部作为党委管理学生工作的职能部门，力图把学生管理工作统一抓起来。但由于学生工作部是党委分管思想教育的职能部门，不具备行政管理功能，因此，招生、学籍管理等具体的学生管理工作仍需由行政系统的教务处、人事处等负责。这种方式会形成一场学生管理“接力”：教务处负责把学生招进学校，然后学生工作部组织实施思想政治教育。

有的学校则设立学生工作处作为从事学生管理工作的职能机构，把学生从入校到毕业的全过程的管理工作统一起来。但在目前我国高校实行的校长负责制体制下，设置学生工作处也不能完全解决思想政治教育与管理工作脱节的问题，而且有时还会以管理代替教育，削弱学生的思想管理工作。因此，有的学校直接采取学生工作部与学生工作处并存，甚至采取合二为一的机构设置方式。这样的机构设置，从整体讲，可以使学生工作高度集中统一，思想教育与学生管理融为一体，工作效能比较高。但是，这种党政合一的机构设置也存在某些不合理因素，而且作为一个职能部门，试图把分散、多头的学生管理工作统一起来，在客观上仍然是较难做到的。

在最近几年，有的大学出现了由党委和校行政委派组成的一个专司学生工作的综合性机构——学生工作委员会。它的主要职责是对学生管理工作进行整体协调，对学生思想、学籍、生活等管理进行决策，对学生工作的经验进行总结、交流、推广。在学生工作委员会下设办公室（或学生工作处）作为自己的办事机构，通过该办事机构使学生工作委员会这个综合性机构处于相对稳定的状态，把各职能部门所承担的学生管理工作整体化，形成一个紧密联系的、封闭的管理体系。

根据这一指导思想，为了全面领导和协调本系范围内的学生管理工作，高校各系都成立了相应的学生工作领导小组。这些小组将负责指导和协调本系内的学生管理工作，确保各项工作有序开展。同时，为了更好地协调本年级的学生管理工作，各年级也成立了学生工作小组。这些小组由辅导员、班主任和有经验的任课教师共同参与，旨在协调本年级的学生管理工作，确保各项任务得到有效执行。通过校、系和年级学生工作委员会以及领导小组的共同作用，学校的学生管理体系不再是传统的以纵向直线为主的管理系统，而是形成了一种分层次、横向联系紧密的矩阵结构体系。这种新的管理模式，使得学生管理工作更加高效、有序，各级领导和工作人员之间的沟通和协作也更加紧密。同时，这种矩阵结构体系还能够更好地发挥各级领导和工作人员的专业优势，实现资源共享和优化配置，从而更好地服务于广大学生的成长和发展。

部分大学经过实践，认为这种学生管理机构设置有四个方面的好处：第一，符合简政放权原则；第二，学生管理工作开展拥有统一性指挥机构作为保障，把工作计划、实施、检查、总结组成一个体系，符合科学管理原则；第三，大大减少了管理上的一些不好的现象，符合高效管理原则；第四，信息反馈比较灵敏而且方向稳定。

学生管理工作委员会与职能部门固定机构相结合的大学生管理机构设置，在实践中表现出了它的优势，很可能是我国大学生管理机构设置的发展趋势。如何充分发挥所设学生管理机构在新时期大学生管理工作中的作用，还有待于在管理实践中不断完善。

二、高校学生管理的队伍建设

高校不仅要有高效合理的管理机构和严密有效的规章制度，更要有一批精明能干的管理干部，依靠他们的积极性和创造精神去工作。有了这样几方面的完美结合，大学生的管理工作才能取得理想的管理效果。可以说，管理大学生一切工作的支撑点在于管理干部。最大限度地调动和发挥广大管理干部的能动性，形成目标高度一致的管理工作集体，组织以人才培养为中心的协调的、高效率的、有节奏的管理活动，是大学生管理工作的实质，其核心是建设一支素质高、结构合理、战斗力强的大学生管理队伍。

（一）队伍建设的意义

第一，在管理的本质和职能的体现上，大学生管理队伍起着决定性作用。大学生管理是高等学校管理工作的主体，是从管理上保证高等学校完成培养合格人才的目标的一项系统工程。它直接关系到学校的安定团结，关系到正常秩序的建立，关系到能否教育学生抵制错误思潮和不良风气，以建立良好的校风学风，促进学生健康发展、成才。

由于大学生管理是以人的集合为主的系统，其管理工作充满着教育的特点，因此，管理干部在学生在校阶段的学习、生活、行为的全过程中发挥着不可替代的组织、领导、督促、检查、控制、协调、指导、激励、惩罚等作用。在学校培养人才系统中，作为以教育者为主体的管理干部，始终处于主导地位，涉及学生成长的一切工作是通过他们进行的；学校工作的成果，培养人才质量的好坏，归根到底也有赖于他们。当前，随着改革开放不断深入，各种文化思想、新旧观念的冲突，造成了部分学生思想的不稳定，因此，加强科学管理尤为重要。而管理干部，特别是领导干部在体现大学生管理的本质和职能上起着决定性的作用。

第二，在学校人才培养目标的实现和各种教育要素的构成上，管理队伍起着骨干作用。学校工作应以培养人才、促使青年学生健康成长为中心。大学生管理的目的也在于全面实现高等教育的目标，概括讲，就是提高管理水平，促进人才素质的提高，使大学毕业生能主动适应社会主义现代化建设的需要。

大学生管理的基本要素包括管理对象、管理队伍、管理内容、管理手段。其中，管理对象虽是管理活动主体，但管理队伍是管理活动中的主力。管理对象要靠管理队伍教育培养，管理内容要靠管理队伍去制定，同时管理手段的使用也必须凭借管理队伍使用，并不能够用先进手段来替代管理人员。

换句话说，学校的所有工作，如教学与生活秩序维护、学生行为习惯养成，严谨、科学、优良作风的培养，德、智、体、美、劳诸方面的全面发展，都需要管理队伍去精心决策、计划、组织、指挥和控制。而且，随着国家建设的需要，高等学校培养人才的任务日益繁重，可以说是以往任何时期不能比拟的。而改革过程中新旧体制胶着对峙的状态导致不同社会利益矛盾存在，有的还趋于表面化，最突出的问题则形成了议论多的难点、热点。这些改革动态过程中出现的问题，无一不在社会的晴雨表——大学生身上反映出来，国内国外各种势力也都把自己的希望寄托在大学生身上。所有这些都增加了大学生管理工作的复杂性和困难性，因此，新时代对大学生管理队伍的要求也越来越高，大学生管理队伍在学校人才培养目标的完成上的作用也越来越重要。

第三，在大学生管理规律的掌握和管理原则的贯彻上，管理队伍发挥着主导作用。管理队伍在大学生管理工作中扮演着至关重要的角色，其对于管理本质和职能的决定作用以及完成任务时的骨干作用，都是不可忽视的。同时，在培养人才方面，管理队伍也发挥着主导作用，这对于掌握管理规律和贯彻管理原则来说是必不可少的。

在大学生管理工作中，管理队伍的主导作用体现在多个方面。首先，管理队伍对于管理本质和职能的决定作用非常重要。他们需要制定合理的管理策略和方案，以确保大学生的学习、生活和发展得到有效的管理和指导。其次，管理队伍在完成管理任务时扮演着骨干作用。他们需要协调各方面资源，组织实施管理计划，并及时跟进和评估工作效果。最后，在培养人才方面，管理队伍也发挥着主导作用。他们需要通过制订培养计划、提供指导和支持等方式，帮助大学生全面发展自身能力和素质，从而成为具有创新精神和实践能力的优秀人才。

在管理过程中，管理队伍与学生之间的互动是非常重要的。管理过程是学生在管理工作者指导下认识客观世界的一种特殊的认识过程，其中存在着多层次、多方面的关系、矛盾和规律。在这个过程中，管理队伍与学生两方面的活动是最主要的活动。管理队伍需要发挥主导作用，指导学生进行自我管理，并调动他们的积极性和主动性。这是管理过程中最重要的矛盾和规律。因此，管理队伍在大学生管理工作中的主导作用是不可或缺的。他们需要掌握管理规律和贯彻管理原则，以确保管理工作的有效性和可持续性。同时，他们也需要不断提升自身的管理能力和素质，以更好地履行自己的职责和使命。只有这样，才能更好地推动大学生管理工作的发展，为培养优秀人才作出更大的贡献。尽管管理过程中还有其他各种关系，诸如思想管理、行为管理、智育管理、体育管理、美育管理方面的关系，管物与管人的关系，学生管理与教师管理的关系，管理者的素养与管理效果的关系，管理效果与管理者对大学生心理特点、思想特点认识程度的关系，以及宏观方面的学校教育和学生管理与外部世界的关系等。此外管理人员为了达成管理目标，还强调要遵循相关原则，诸如为社会主义现代化培养合格人才的原则，实事求是、一切从学生实际出发的原则，系统综合管理原则，管理与教育相结合原则，民主管理原则等。

在这些原则中，管理工作者的主导作用和启发学生的自我意识应该相结合，以培养学生自我管理能力为中心环节。然而，在管理工作者与学生之间的主要矛盾中，管理工作者又是矛盾的主要方面。因为这些原则的贯彻实际上还需要管理工作者发挥主导作用，全面掌握和运用这些原则，并进行创造性的劳动，以启发学生配合管理，积极主动地按照德、智、体、美、劳全面发展的人才标准进行努力。因此，管理工作者在这个过程中扮演着至关重要的角色。他们需要在教育管理中发挥主导作用，引领学生走向正确的方向，并帮助他们建立自我管理能力。同时，他们也需要全面掌握和灵活运用这些原则，以适应不同的教育环境和学生需求。在实施这些原则的过程中，管理工作者需要与学生建立良好的合作关系，激发他们的积极性和主动性。通过启发学生的自我意识，管理工作者可以帮助他们认识到自己的优点和不足，并激发他们的学习热情和动力。同时，管理工作者也需要注重培养学生的综合素质，让他们在德、智、体、美、劳各方面得到全面发展。这不仅有助于学生的个人成长，也符合社会对于人才的需求。

第四，在改革开放时期，大学生管理队伍发挥着特殊作用。大学生的心理特点和思想特点是由他们所处的社会环境和他们的地位的变化、学习活动的变化以及生理变化所决定的，社会政治、经济乃至社会舆论和社会生活方式对大学生的影响是很直接、很密切的。

社会主义新时期的大学生管理工作已不仅仅是一般的培养良好思想、良好行为习惯的任务，还承担对学生展开马克思主义教育、坚持正确的导向、不断提高学生的思想免疫力、努力创造良好的内部环境的重任。在加强对学生思想教育的同时，管理队伍要严格对待大学生管理工作，使学生不断增强历史责任感。

（二）队伍组织建设

从整体看，从事大学生管理工作的这支队伍需要熟悉业务、学校环境、大学生管理工作规律、学生生理、学生心理等的特点，且有热情，能积极开展学生管理工作的研究，在学校管理工作科学化、规范化、现代化等方面不断跨出新步伐，取得新成果。不过从学生管理实际与新阶段高校学生管理要求提升的角度进行分析，这支队伍和实际工作需要还有不小的差距。

高校的学生管理工作，除专职的学生管理工作者外，广大的专业课教师以及学校行政、教辅人员，也应是此项工作的承担者。不管教师或教辅、行政人员本人是否认识、是否承认，“教书”以及学校的其他管理工作都在起着“育人”的作用，都对学生思想品德、言行情操起某种规范、导向作用，这是不以人的主观意志为转移的客观规律。

加强专职学生管理队伍的建设，并不是简单地追求数量的增加。正确的方针应该是在保证相当数量基础上的少而精，使学生管理干部向这方面的专家方向发展。因此，要纠正过去那种认为学生管理干部只要能领学生劳动、打扫卫生就行的错误思想，要纠正把学生管理干部当成“万金油”的错误倾向，有必要对高校现有的专职管理队伍进行适当的调整、充实，对一些政治上、思想上不合格以及部分能力偏低、难以胜任工作的人另行安排工作，把那些有事业心、有组织能力、政治觉悟高、业务好的同志充实到学生管理工作岗位上来。

同时，要积极从高校的学生管理专业、第二学士学位班中培养专职学生管理干部，从优秀的毕业生或研究生中选留有志于学生管理工作的同志充实管理队伍。加强专职学生管理队伍的建设还要求建立独立于专业教师外的专业技术职务晋升体系，破格提拔优秀分子，将其放到工作第一线的关键岗位上去锻炼，使其在亲身工作中体验成长进步。一旦这样的机制形成后，这支队伍就会越来越精、越来越强。

构建专职学生管理队伍，可以提升学生管理的连续性、稳定性。但是，学生管理工作是多因素、多序列、多层次结构的综合体，与过去相比，管理的内容和形式都发生了很大的变化。可以说，一个学校只要有学生，就有管理工作。无论从时间角度，还是从空间范围而言，学生管理工作无处不在、无时不有。显然，面对烦琐复杂的学生管理任务，只凭借少数专职人员的力量，并不能够确保实际工作的完成，所以应该着力构建一支规模宏大的兼职管理队伍。

所谓兼职学生管理工作队伍，主要是指由专业教师或其他职工兼任的年级辅导员、班主任、学生导师，一般做法是从本校教师中，也可从研究生或本科高年级学生中以及学校其他政工干部或管理干部中选拔聘任。教师兼职从事学生管理工作，不但因为他们与学生有天然的师承关系，对学生有较大影响力，而且他们在与学生的接触中，能及时准确地掌握学生的思想、情感、个性等方面的变量，可以从管理的角度给学生指点方向。因此，把学生的教育管理工作渗透于业务和教学之中是完全可行的。

高等学校职工，尤其是直接接触学生的职工，在某种意义上都是大学生的管理者。如果他们可以积极配合学校管理目标、协助完成学生管理工作的话，将会极大程度上延伸管理，对其自身转化成为学生管理工作新能源提供巨大动力。

现在问题的关键在于，高校必须用政策去调动广大专业教师和其他职工兼职人员投入学生管理的热情。所以，高校可以在工作的评估、职务的聘用上，把是否兼职从事学生管理工作，以及是否教书育人、管理育人作为一个硬性指标，既有定性的评估，又有量化的考核，以此激励广大教职工积极投身到学生管理工作中去。

加强大学生管理队伍的组织建设，还意味着要加强有着浓厚学术性的学生管理、咨询、研究力量的配备工作。这些工作既要面对学生中涉及的政治、历史、人生观、价值观、精神卫生、行为规范的问题，又要为学校领导做好调研工作，起到某种智囊团的作用，即通过他们自觉地用党的方针政策、教育理论和教育科学衡量学生管理工作，促使学生管理工作科学化，并经常研究学生管理工作的周期性、规律性，促使学生管理程序规范化，以取得最佳管理效果的方法来改进管理过程。这一方面的力量主要应来自有相当理论基础的教师和有丰富学生管理经验的专任干部。

（三）队伍制度建设

高校学生管理队伍制度的要求为大学生管理工作的高效、高质开展提供了人员、队伍方面的保证，可以说，它完成了大学生管理队伍建设方面的“硬件”建设。但是，一支优质的大学生管理队伍，还要靠不断提出新的要求，制定工作规划，进行组织培养，才能不断提高管理队伍的思想水平、管理能力和学术水平。因此，必须加强大学生管理队伍建设方面的“软件”制度建设。

长期以来，一些地方和学校对大学生管理队伍的制度建设并未给予足够重视，认为有没有制度都可以工作。因此，在学校里普遍存在大学生管理干部定编紧、补缺难、提升慢、待遇差的状况。而且，大学生管理工作缺乏明确的工作目标和职责范围，人们往往把任何与学生沾边的工作都推给大学生管理干部承担，结果造成工作任务分配不均衡。学生管理干部整天忙于应付各种差事，很难集中主要精力研究如何改进、提高学生管理工作。

为适应新形势对大学生管理工作的要求，必须明确大学生管理队伍的职责范围，建立有关规章制度，使大学生管理队伍建设规范化和科学化，使大学生管理工作在最有效的、最可靠的、最佳的状态下进行。

大学生管理队伍的制度建设包括的内容有：大学生管理队伍工作岗位责任制度、大学生管理队伍工作评价监督制度、大学生管理队伍的晋升考核制度、大学生管理队伍的培养进修制度、大学生管理队伍的淘汰制度等。这些制度中，工作岗位责任制度和评价监督制度必须首先明确。

1. 岗位责任制度

大学生管理队伍的工作岗位责任制度就是把学生管理工作的有关规定、要求、注意事项具体落实到每个管理者的一种责任制度。它使得每个管理工作者都有明确的分工和职责，并可为评价每个管理工作者的成绩提供依据。

各层次的大学生管理队伍的工作岗位责任可大致划分为以下几项。

校学生工作管理委员会（以下简称“学工委”）肩负着统一指导和协调全校学生管理工作的重任。学工委要根据学校党委和行政学期工作计划，制订全校学生工作的学期计划，同时在学期内根据不同年级的不同特点，对阶段性的学生管理工作进行组织、安排和实施；定期分析学生思想动态，为党委和校长对学生管理工作的决策提供准确的材料；安排全校学生管理工作者培训，并与人事处一起组织和落实学生管理工作者的专业职务评定工作；根据全校学生管理工作的总体要求，协调全校各部门学生的思想教育、后勤服务、学籍管理等工作。

校学生工作委员会办公室（或学生处）在学工委领导下主管全校学生的行政管理和思想教育工作。根据学工委的决定协调有关管理机构的学生管理工作，并积极配合、组织和检查基层学生管理工作；负责奖学金、贷学金的管理、评定、调整和发放；主管招生工作；协助教务处进行学籍管理，办理退学、休学、复学和转学手续；检查和维护教学、生活秩序和纪律；统一处理学生来信及来访工作；负责全校的学生统计工作。

系学生工作组在系党总支和系主任领导下，组织实施学生的学习活动和学生管理工作；认真组织和安排好政治学习和形势教育任务；抓好学生的思想建设和组织建设；指导和支持年级辅导员、班主任开展工作；协助班主任做好学生操行评定、“三好”评比等工作，并努力掌握学生思想特点和发展变化规律，探索学生管理工作的经验。

年级辅导员负责统筹本年级或本专业学生日常思想政治教育和有关的学生管理工作，在系党总支领导下，组织新生入学教育、政治形势教育以及学生在劳动、实习、军训中的思政教育工作；协调安排本年级学生社会实践及课外公益等活动；根据本年级情况制订学期工作计划，指导、检查班级计划实施情况；对学生的升留级、休学、复学、退学、奖惩、品德评定、综合测评等提出具体意见；开展对工作对象、任务、方法等课题及有关理论的科学研究工作。

班主任是学校委派到班级指导学生学习、负责管理学生、配合党团组织和年级辅导员开展学生思想教育和管理的教师。班主任的岗位职责包括：用爱国主义和共产主义思想教育学生，引导督促学生；指导班级开展学习活动，帮助学生改进学习方法，提高学习效率；全面掌握学生情况；做好本班学生品德评定、综合测评，评定奖学金、贷学金、困难补助，做好年度鉴定及毕业生鉴定等，做好班干部选拔、培养、指导；指导学生课余生活，加强学生集体观念，培养团结向上的班风。

导师由忠于人民教育事业、责任心强、品德高尚、教学经验较丰富、学术水平较高的讲师以上教师担任。导师的工作侧重于学生专业学习的指导和学术思想的熏陶，兼顾思想政治教育工作，努力把思想政治工作深入专业学习的全过程，在对学生专业学习启发指导的同时，进行思想政治上的疏导；发现和推荐优秀学生；全面关心学生，每年对所指导的学生进行考核，写出评语。

在建立具体的岗位责任制度时，应详细说明某一职位的大学生管理工作者在任期内必须开展的工作有哪几方面，每一项工作要达到什么程度。而且，这些内容必须是有实践基础的，必须切合实际。

2. 评价监督制度

开展大学生管理队伍的评价监督具有多方面的作用：首先，确定大学生管理工作的质量标准，建立科学的评价指标体系；其次，评价监督制度能使大学生管理工作者找出差距、增强自我调节，在优化整个大学生管理工作的同时，发挥自己的特长和优势，努力提升管理工作的水平；再次，它能调动大学生管理工作者的工作热情，促进职能部门之间的良性竞争，有力地调动大学生管理工作者的积极性；最后，实行评价监督制度能够为决策机关在决定管理工作者的职务晋升、薪金（包括奖金）调整、人事调动时提供科学合理的依据，避免凭个人印象决定、论资排辈、依次轮流等不合理做法，从而提高大学生管理工作者的工作积极性。因此，无论从加强管理队伍建设方面说，还是从强化管理工作者的素质、能力和工作责任感说，都必须积极开展管理队伍的评价监督工作。

开展大学生管理队伍的评价监督工作，最关键的是建立有量和质概念的管理工作评价监督体系。一般而言，建立该体系应遵循以下几条原则。

（1）方向性的原则

评价管理队伍的目的在于促进大学生管理工作的规范化、科学化，引导大学生管理工作者立足当下，顾及长远，为培养社会主义建设所需的专门人才这一总目标高速、高效、高质地工作，力争大学生管理工作的最优化。

（2）可比性的原则

评价的对象及其评价项目必须有可比性，使评价项目有着基本相同的基础和条件，使各人之间可以按评价项目进行量和质的比较；同时，评价指标本身要尽可能量化，以期在更细的程度上求得可比性。对难以量化的指标则进行定性评价，使定量评价和定性评价有机结合起来，从而尽可能真实地反映出一个人的工作状况。

（3）科学性的原则

评价指标体系应能客观、真实、准确地反映各管理工作者的工作现状、成绩和水平。各级管理工作者的管理工作相对独立而复杂，如年级辅导员，其工作范围非常广泛，建立指标项目不可能面面俱到，只能抓辅导员职责范围中的主要工作和集中反映辅导员工作成绩和水平的重要环节。

（4）可行性的原则

大学生管理队伍工作评价指标体系应在不妨碍评价结果的必要精确度和可能性前提下，尽可能做到简要明白、简便易行，从而便于评价人员掌握和运用。

根据上述几条原则即可制定出一份与大学生管理队伍岗位责任制相符的、定性定量相结合的、侧重于定量的评价指标体系，并要求各层次工作者按其职责和评价目标开展工作，尽职尽责地把工作做好，这是开展评价活动的出发点和最终目的。

第二章　高校学生管理的多角度研究

本章主要通过多角度对高校学生管理进行分析研究，包含高校学生管理现状、高校学生社区化管理研究、高校学生信息化管理研究、人力资源管理理论应用于高校学生管理的研究四个方面。

第一节　高校学生管理现状

高等教育发展迅速，学生人数急剧上升，难免会存在各种各样的学生管理问题，给高校学生管理工作带来了前所未有的压力。高校学生管理工作主流是好的、积极健康向上的，但在学生管理工作过程中仍然有部分问题不可忽视，这些问题足以引起高校高度重视。

一、强调制度，忽视学生

规章制度是规范教育教学的重要前提和有效基础，高校结合自身实际情况制定了学生管理制度，如考勤制度、请假制度、奖励制度、学籍管理制度等，对学生的学习和日常行为进行规范。但在制定政策时对学生的“人性关怀”缺乏考虑。没有将更多与学生成长息息相关的切实利益引入管理制度的范畴中，没有真正将学生视为学校的主体，在管理中不会太注重考虑学生的权益。比如在勤工俭学、学生社团活动、助学贷款等相关事项中没有通过制度来进行更好的保障，没有提供更优质的服务和指导。有些高校甚至过分强调制度，用较为严苛的规则来对学生进行约束，过分强调学生不要做什么、不能做什么。绝大部分同学反对学校“制度化”管理，而偏爱“人性化”管理。

二、高校学生管理工作队伍匮乏

高校如今的招生人数较之前有了较大的增长，学生数量的增多在一定程度上给学生管理工作带来了挑战，部分高校还没有做好充分准备。例如，有些学校的设施配备情况不够完善，师资力量储备不足，没有健全的管理工作者队伍；高校中有些管理工作者没有相关的教育背景，不了解心理学、管理学等方面的专业知识，也没有过相关的工作经验，没有参加过相应的培训，导致在工作过程中效率相对较低，有些管理工作者甚至缺乏对管理工作的正确理解和认知，只是将其作为工作调整的跳板；等等。

高等教育大众化发展趋势的不断推进，使得高校在校生数量不断增多，高效的应对和准备不够充分，造成实验室、图书馆、教学楼、宿舍等硬件设施可能无法完全满足学生学习和生活需要；师资力量团队没有得到及时补充和优化。教育大众化的不断发展使高校学生管理面临的最为严峻的挑战即是辅导员数量和能力的不足，具体表现为以下几个方面。

（一）辅导员队伍数量不足

国家相关部门所出台的文件中对辅导员的数量进行了明确的规定，要求与学生之间的比例不能低于 1 ∶ 200，但在实际教学过程中，辅导员的数量却非常少，比例非常悬殊，这在一定程度上会加大辅导员的工作负担，影响工作的精细化和针对性。

（二）辅导员队伍质量参差不齐

高校辅导员大多是由兼职和专职人员构成，兼职人员主要分为两类，一类是由年轻的授课教师兼任，既要完成教学工作又要加强思政教育和引导；另一类是由高年级的本科生或研究生来担任，他们既需要完成自己的学业，也需要加强对低年级学生的思政教育。

在新时代，兼职工作人员所面临的竞争和压力逐渐增大，兼职管理模式受到严峻的挑战。年轻的授课教师主要承担的教学科研压力逐渐增大，且在对年轻授课教师进行考核时，教学和科研成果是考核的重点。年轻授课教师为了获得好的考核成绩，势必会将更多时间和精力放置在开展科研和教学上，进而会导致分配在学生管理上面的时间和精力有限，影响工作开展效率和质量。而高年级本科生和研究生所面临的学业压力也越来越严峻，在三四年的时间内需要学习基础课程、专业课程、参加社会实践、参加社团活动、撰写毕业论文等，这势必会导致高年级本科生和研究生的学业压力较重，分配在学生管理层面的精力也有限，影响管理效果和质量。

（三）学生管理队伍不稳定

辅导员是加强班级管理的重要力量，是引导学生思政素养培养的重要角色，在思政教育和日常管理中有非常重要的地位和作用。但随着学生数量的不断增多，管理队伍人员匮乏、建设不稳定的问题已经逐渐凸显。部分高校大批量引入优秀毕业生或采取教师专兼职的途径来更好地完成辅导员的日常管理工作，在一定程度上能够有效应付当前面临的局面。但辅导员目前需要承担的工作内容范畴越来越广，不仅需要加强班级日常管理、开展思政教育，还需要负责党委、团委等行政部门的相关职务和日常工作。工作范围、工作内容不够明确，奖励制度不够优化和完善，在一定程度上使得管理队伍的不稳定性逐渐增强，人员流动较大，一些辅导员并没有将这一岗位和工作当作自己的奋斗目标，只是将其作为缓冲期，作为考编制或转为专业教师的跳板。管理队伍的不稳定性在一定程度上将直接影响学生管理工作。

另外，高校中的辅导员主要是由本校留校的研究生或本科生担任。这部分人群没有经受过专业知识的教育和引导，缺乏培训、提高的机会和渠道，在一定程度上影响其管理能力和水平。且辅导员的管理工作内容非常繁杂，涉及学生日常管理的方方面面，需要接受学校各个部门的调度，使得辅导员整日忙于琐碎的事情，疲于应付，最终使工作逐渐肤浅化和表面化，很难真正发挥日常管理的作用和价值，也很难对学生的学习和生活提供更有效的服务和帮助。

（四）辅导员工作存在两极化倾向

辅导员是决定一个班级管理效率和水平的重要因素，在学生的成长和发展以及班级整体的风气塑造等方面，具有非常重要的地位和作用。但当前，部分高校辅导员在完成本职工作时却存在着两极化的发展趋势：一方面，有些辅导员与学生的接触相对较少，他们认为学生是独立的个体，是能为自己行为负责的成年人，应当有自己的空间和时间，应当有自己对事物的判断，有自己的生活习惯和生活方式，老师不应当过多参与和干涉。所以这些辅导员平时与学生交流得少，了解得少。有时当学生碰到棘手的事情，而学生自己又不能处理时，却很难找到辅导员。另一方面，一些辅导员缺乏对学生的信任，夸大学生的缺点，压抑学生的独立性，采用中学班主任的管理方法，全包全揽班级事务，这种极端的做法，往往不利于学生的主动性、创造性和个性的充分发挥。

三、学生管理工作形式化严重

凡是与学生存在一定联系的部门最终工作的出发点和落脚点都着眼于学生工作层面。当前管理工作内容的复杂多样、管理工作体系的不够健全，使得学生管理工作人员整日被琐碎事情所牵绊，工作压力大，工作热情低。从表面上看，学生管理工作人员似乎能够负责和管理的内容非常丰富，范围非常广泛，但实际上，对学生而言影响力较大的部分却没有得到管理工作人员应有的重视，比如学生在选择专业方向、就业方向等方面，没有得到学生管理工作人员应有的重视和帮助。总而言之，学生管理工作人员在工作过程中的被动性更强，工作内容更偏于细枝末节，缺乏主动性和积极性，缺乏对重点问题，如思想动态研究、学生特点等内容的了解和指导。学生管理工作较多地趋于表面化。

四、高校学生管理工作环境闭塞

开展学生管理工作是为了更好地帮助学生树立正确的价值观念，激发学生的潜力培养学生成为品德优秀的人才，为学生未来的成就和发展奠定良好的基础。为了更好地达到这一目标，高校学生管理必须设计和改变“偶然环境”。当前高校在开展学生管理工作时，更侧重于通过榜样的带动作用或制度的规范作用，来对学生所生活和学习的环境进行干预，希望学生所能接触到的一切信息都是正向积极的，这在一定程度上是将校园环境与社会环境、真实生活环境进行割裂，影响人才培养的效率和质量。关起门来对学生进行管理势必会适得其反，尤其是在当前的网络时代，网络的飞速发展使得信息传递更加迅速。学生是网络主体的重要支柱和参与力量，他们随时随地都会接收到来自网络世界的信息冲击，这也势必会对学生价值观的树立和行为塑造带来一定影响。因此，按照传统思想关起门来开展学生管理工作势必不具备可操作性和落地性。人是社会关系的总和，学生并不仅仅具有学生这个身份，更是社会中的一员，与社会有着千丝万缕的联系，不可能一直生活在“象牙塔”中，也不可能与世隔绝，势必要与他人进行沟通和交流。因此，想要加强学生管理工作效率就必须营造开放的环境，让学生在真实的环境下有所收获、有所成长。同时，开放性还体现在学生和管理环境之间的相互作用。苏霍姆林斯基认为，在教育过程中不仅要善于对环境进行利用，以开展教育，也应当借助被教育者所创造或影响的环境来对其进行教育。所以，高校学生管理工作应当真正还原真实的环境和生活状态，以开放包容的姿态正确看待管理工作中面临的问题，给予学生更有效的帮助和指导。

五、管理工作理念落后

学生管理的对象是高校学生，是有自己的思想和意识的人。传统管理模式下，学生管理工作人员多是站在更高的位置上对学生进行说教，利用规章制度对学生的行为进行约束，学生只能被动接受，这在一定程度上忽略了学生的主体地位，也影响了学生的个性成长和发展。高校管理若仅仅通过对制度的建立和健全来对学生进行规范和约束，在一定程度上会影响学生思考能力和判断能力的塑造，也会影响学生的主人翁意识；若能够将学生视作拥有主见和自我意识的生命体，来对当前的管理工作进行反思，就能发现无论是对学生还是对当前所处的时代，或是对教育教学工作，往往都更强调认知。科学主义和理性主义在一定程度上认为，学生只是一个需要被要求的“容器”，要被动接受其他人的管理，被动接受制度的约束。但高校学生是具有独立意识的人，他们的思想更加成熟和稳定，他们渴望得到理解和尊重，若只是一味将其作为管理对象，可能会影响管理效果和质量。

传统模式下，学生管理工作往往更侧重于事务层面，管理制度也没有较大的变革和创新，管理者站在“道德制高点”和“权威”地位上，对学生进行要求，学生只能被动服从，有些管理者为了达到学校制定的目标和要求，甚至会利用权威对学生进行压制。在这种管理模式下，学生的个人意识和独立思想在一定程度上受到冲击和破坏，影响学生的自我意识和思维水平，个别学生甚至沦为制度的“奴隶”，习惯了服从，习惯了被约束，这对于学生未来的成长和发展非常不利，也会影响国家人才的整体素质和水平。因此，必须正视当前时代发展的变化和现实，要能结合时代特色及时进行理念和方式的变革，从而更好地推动学生的成长和发展。

随着当前时代的不断发展，学生所接受的新鲜事物越来越多，能够了解到的新思想、新内容越来越丰富，这使得学生的思维更加活跃，独立意识和被尊重期待越来越旺盛。再加上学生拥有不同的背景和生活环境，经历不同，性格不同，思想意识不同，这使得学生管理工作的难度较大。社会风气对一些学生的思想意识也带来了一定的冲击，使得他们的功利主义思想较为严重，集体意识相对较为淡薄，自我奉献的观点相对较为薄弱。这都会使学生管理工作难度越来越大，若不结合实际情况对管理模式进行优化和完善，很难改变当前的管理现状。

另外，学生管理工作理念也需要更新。管理工作是教育教学的重要环节，根本目的是更好地培养学生、引导学生、塑造学生，要能够体现出育人价值。但当前学生管理工作更偏向于对事物的管理，更倾向于对学生的约束，而没有考虑到通过管理对学生个人性格和能力培养的方式方法，反而突出经验而忽视民主管理，突出问题式管理而忽视发展式管理，最终使学生管理工作失去了其原有的价值和意义。因此，高校学生管理工作者必须要对管理理念进行优化和完善，更好提高管理效率，推动学生成长和发展。

六、封闭式管理抑制了学生的个性

当前大多高校都通过封闭式管理的模式来对学生进行统一约束和管理，这种模式在一定程度上影响了学生的创新意识和学习积极性。封闭的学生管理模式同时也忽略了学生群体是由丰富个体组成的这一特点，漠视了人的主体性和发展的完整性，从而压制了学生的个性发展。这种管理模式也忽略了学生之间存在的个体差异，影响学生成长发展的可能性。高校选择封闭式学生管理并不完全符合教育本身的规律和要求，一方面是为了迎合家长的心理需求——要求学校严格管理好他们的孩子，以便成才；另一方面学校考虑更多的是学生的安全，谨防学生发生意外。因此，这种管理模型应该进行改革。

七、高校学生管理工作方法单一、落后

当前部分高校依旧选择沿袭传统管理模式，虽然已有的管理模式能够存在并延续至今必然具有其特殊的意义和价值，但随着时代的不断发展和学校教育教学现状的不断变化，已有的管理模式并不能够完全满足现在的管理需求。现有管理过程中所浮现出的新问题、新情况，无法从已有的管理模式中找到有效的解决方式方法，不能发挥高校学生管理的作用和价值。已有的管理制度中，更多是强调以学年制和班级开展管理，组织结构相对较为清晰，人员组成也相对较为稳定。但当前，大部分高校都采用学分制的教学模式，学生可以结合自身的兴趣爱好和实际情况选择上课时间、想学习的课程、上课教师等，这在一定程度上会削弱年级、班级的概念，每个班级的人员构成也并不是稳定的。因此，班级职能也会相应发生改变，再采用已有的管理模式进行管理势必会影响管理效率，降低管理水平，无法实现管理目标，影响工作正常运行。

当前部分高校采用的管理模式依旧是约束性、强制性的，虽然从表面看能够发现“卓有成效”，但实际上，学生只是表面上服从，而内心却并不认可。且在多元文化蓬勃发展的当下，学生的思想意识正受到较大的冲击和影响，学生的价值取向也发生了变化，自我意识越来越强烈，对事情有自己独到的看法和见解，

面对学校所采取的“一刀切”管理模式，存在较多怨言，甚至还容易产生矛盾和冲突，影响师生良好关系的构建。因此，管理方法需要结合实际情况进行相应变化，要为学生的成长和发展营造良好的氛围和环境。

八、信息网络的发展给学生管理工作带来困难

网络的飞速发展给学生的学习和生活带来了一部分积极影响，学生能够更迅速地从网络中获取自己想要的信息，提高学习效率和质量；也能借助网络，足不出户地了解其他地方的风土人情、文化故事，增长见识，提高思想意识。但同时，网络中一些不良信息也会对学生带来冲击和影响，特别是网络中的一些错误言论和思想可能会对学生的价值观念带来冲击，影响学生价值观的树立。且网络中新鲜事物较多，很容易攻破学生的自制力，让学生沉迷于网络中，进而导致一些学生性格孤僻、精神空虚，甚至会走向犯罪。

高校扩招使得越来越多的学生有机会接受高等教育，也使得从高校中毕业的学生数量越来越多，但金融危机以及整体经济形势的变化，使得就业岗位的需求量逐渐减小，供需之间的平衡被打破，学生的毕业就业难问题显著。有的毕业生在求职时，处处碰壁，影响自身的自信心，甚至有可能会影响自身的心理健康。此外，一些学生在遇到困难和挫折时很容易产生消极情绪，且这部分学生的自理能力相对较差，当需要自己一个人生活时可能会面临更多的挑战，进而有可能会产生心理问题。

第二节　高校学生社区化管理研究

一、高校学生社区

随着我国高校改革的进一步深入，以寝室为单位的学生社区的地位日益突出。学生社区（也可简称为学区）是社区概念在学校管理中的反映，是大学生在校学习、生活、休息的基本活动场所。社会学研究表明，第一社区在一定程度上是地域存在，第二社区则是人的互动和聚集。就此分析，社区应当是居民共同生活、共同居住的场所，且社区具有一定的文化功能。对高校而言，学生社区是指学校内的环境、寝室以及所组成的整体环境，能够实现育人的功能。

（一）高校学生社区的内涵

高校学生社区的概念具备两个层面的含义和内容，一方面是指区域环境，另一方面是指文化功能。所谓区域环境是指学区是整个校园的组成区域之一，是地理意义上的分区，也是学生聚集的地区。同时，学区也是学校中存在的重要管理区，是学校管理机构的重要组成部分，学校和学区在一定程度上具有隶属关系。[①]

在学分制落实和执行的整体背景下，班级、专业甚至年级之间的界限更加模糊，居住区的地位则稳步上升，更能满足社会机构或学校与居民（学生）进行沟通和对话的需求。文化功能更多地表现为社区人文环境与居民生活的相生相融，成为社区居民接受文化教育的主要阵地。学生社区在文化功能上还要承担更多的责任，要确保“文化为了教育，教育为了学生”，它具有更加鲜明的目标和内容指向。

高校学生社区的主要功能，就是要使学区成为高校德育工作一个有效的有机环节。它承担的主要任务是为未来社会培养合格的社会公民，从社区角度出发，即要培养适应社区生活、与社区和谐相处的居民。社会现代化的实质和内涵其实是人的现代化，是人所具有的现代化才能和现代化意识。社区作为组成社会的重要环节和部分，其现代化的实现离不开居民现代化的培养。因此，培养具备较强社会意识的现代化人才是现代教育非常重要的任务之一。学生社区是社区中非常特殊的一类，要求居民（主要是指学生）能够具有社区理念，能够借助该理念积极参与社区事务处理。从该层面来讲，学生社区必须承担起社区意识培养和灌输的责任，要确保居住在其内的不同类型的学生都能够具备现代社区意识，要引导他们参与到社区事务管理中，使其成长为更适应未来居住环境的优秀居民。因此，学生社区在一定程度上也可被称为准社区，目的是向未来社区输送更优质、更高层次的居民。

通过以上分析可以发现，学生社区和农村社区及城市一般社区存在明显差异，前者隶属于学校，由管理人员和学生所组成，不仅具备物质功能，也具备育人功能；不光是具有区域含义，同时也是一个过程，即通过管理人员和学生的共同参与来实现育人功能的重要过程。学生社区具有较强的情感力量，能让学生产生更强的归属感。在特定的学区内，学生相互之间互帮互助、相互依存，这种关系的构建是理性的、主动的、自愿的。只有调动学生的参与意识，才能不断突出学生的多样性。

① 刘伦. 高校学生管理制度创新探索[M]. 重庆：重庆大学出版社，2006.

（二）高校学生社区及社区化管理产生的背景

第一，我国高等教育现代化和国际化发展趋势需要一种符合高校学生教育管理的新模式。为了解决高校持续扩招带来的后勤设施不足的问题，我国一些高校采取新型的后勤社会化的管理体制，或引进社会资金，或集资联建，或贷款与集资相结合，大力兴建学生公寓，并推行了后勤社会化管理。

第二，我国高等教育改革和发展的不断深化需要对传统管理模式进行优化和变革。要正视高等教育的实际情况，要清楚认识到学分制的应用现状，要了解班级概念的逐渐淡化，要清楚将班级作为开展学生管理和思政教育基础单元的方式已不再完全适用，社区正逐渐成为学生生活和学习的重要区域和场所。同时，高校后勤服务社会化的不断发展和演变，社区管理服务质量、文化设施配备、整体环境氛围等都对传统学生管理工作提出了更新的要求和标准。因此，高校社区化管理被提上了议事日程。

第三，适应学生群体特征，加强和深化高校思想政治工作，需要一种更切合实际、具有实效的教育管理新模式。高校学生思想政治工作者必须根据变化了的情况，及时调整工作思路，作出应对之策。面对高等教育的日趋现代化和国际化，特别是教育教学改革的不断深化，高校改革向纵深发展的新形势，高校学生社区管理如何坚持社会主义办学方向等问题，很多高校在开展党建与思想政治工作以及日常教育管理工作方面，与时俱进，不断创新，探索出了一条符合形势发展要求和高校实际的学生教育管理新路径，即高校学生社区化管理。高校学生社区化管理是加强和深化新时期高校学生思想政治工作的需要。

二、高校学生社区化管理的实践研究

（一）高校学生社区化管理的现状

1. 国内社区化管理的三种类型

大学生社区目前在我国已普遍存在。就现在的全国各地大学生社区的现状来看，目前主要存在三类管理模式的大学生社区。

一是跨省（市）的大学城社区。这类学生社区的特点是规模大、学校多。从大学所在的省（市）来划分，既包括大学城所在地的大学，也包括外省（市）的大学；从大学的性质来划分，既包括理工大学，也包括综合性大学和专门大学；从学校层次来划分，既包括研究型的本科大学，也包括专科学校和职业技术学院。

二是同省（市）的大学城社区。这类大学城社区的特点是规模较大，高校多的有数十所，少的也有几所到十几所，大学属于本省（市）的大学。如重庆市的重庆大学城，入驻其中的学校就有重庆大学、重庆医科大学、重庆师范大学、四川美术学院、重庆科技学院等多所高校；上海市的松江大学城，入驻其中的有上海视觉艺术学院、东华大学、上海外国语大学、上海工程技术大学、上海对外经贸大学、华东政法大学、上海立信会计金融学院等多所高校；广州市的广州大学城有中山大学、华南理工大学、华南师范大学、广东工业大学、广州美术学院、星海音乐学院、广州大学、广州外语外贸大学、广州中医药大学、广东药科大学等多所高校；南京市的仙林大学城有南京师范大学、南京中医药大学、南京财经大学、南京邮电大学等多所学校。

三是由一所具有一定规模的大学构建的学生公寓式社区。这类学生社区的特点是，在原学生宿舍区的基础上，进行管理模式上的改革，即对原有计划经济条件下的学生宿舍式管理模式，实行后勤社会化改革，实现社区式管理；随着学校规模的扩大，对新建的学生宿舍实行社区化的管理。这类由单个学校构成的公寓式学生社区目前全国也不少。

2. 社区化管理的实践

（1）单一院校学生社区管理模式

这类学生社区管理的特点是，学生来源单一，规模相对较小，管理容易到位。因此通过社区党总支、党支部、学生党员接待室、社区团组织、社区学生会、心理咨询室等的构建，就形成了从学校党委行政到社区学生寝室的完整管理体系，使各类社区管理中容易发生的问题能得到及时有效的解决。这类管理模式总的来说比较成功。

重庆交通大学作出的“构建人才培养新体系，全面实施学生社区化管理”决定指出：学生公寓不仅是学生生活、学习的重要场地，更是课堂之外对学生进行思想政治工作和素质教育的阵地。构建学生社区，成立党总支和管委会，全面负责所辖学生宿舍区的党建与思想政治教育、学生日常管理以及后勤服务等各项工作的统一管理和统一协调。重庆交通大学在全国高校中率先迈出了学生社区化管理的步伐。

目前，重庆交通大学根据学生宿舍区分布情况成立了四个学生社区，建立了属于正处级单位的四个学生社区党总支，配备专职辅导员，同时建立管委会，下设办公室、楼党支部、后勤党支部、分团委、学生会、学生党员接待室以及物业管理分中心、保安部、饮食服务中心等机构。社区党总支（管委会）主要负责人由学校委任，学生楼党支部书记由政治辅导员担任，开发商派驻社区的物业管理公司、饮食服务中心、保安部等负责人由学校聘任为管委会副主任。学生社区党总支（管委会）在学校党委领导和学生工作部的具体指导下，全面负责所辖学生社区的党建与思想政治工作、日常教育管理、成才指导、生活服务等各项工作；社区物业管理分公司、保安部、饮食服务中心等机构按照相应的职责权限在学生社区党总支（管委会）的统一领导和统一管理下开展工作。

在学生社区化管理模式运行过程中，重庆交通大学坚持做到“七进社区”，即学生党团组织进社区、政工干部进社区、学生社团进社区、学生党员接待室进社区、网上思想政治教育工作进社区、心理咨询进社区、学生自我管理组织进社区，在大学生社区管理上全面跟进，以新的教育思路初步成功地探索出学生社区管理新模式。

（2）跨省（市）大学城与同省（市）大学城

集中多所高校的跨省（市）大学城社区的学生管理的特点是，城区规模大，学生人数多，基础设施可以得到有效利用，在生活管理上可以取得相应的效益。但与之相对应的是，正是由于学生人数多、涉及的学校多，因此，在管理上也容易出现某些漏洞。这种管理的漏洞主要不是寝室管理的不规范，或者教学设施使用上的混乱，事实上，一个大学城在学生寝室的管理上是完全可以统一规范的，在教学设施的使用上也可以更好地充分利用。这里的管理漏洞往往更多的是指各个地区、各个学校对学生管理要求的不一致、不统一。因而就可能出现这样的情况：有的学校管理得较严格，有的学校管得相对较松，这一严一松中，就可能出现管理信息上的不完整，问题就可能从薄弱部分反映出来。用管理学的术语来表述，就是“木桶效应”，即木桶里的水会从箍桶板中最短的一块木板中漏出来。跨省（市）大学城管理上需要解决的问题是如何在发挥规模效益的同时，避免由不同省（市）、不同高校在学生管理制度上的非一致性而产生的薄弱环节，从而使《普通高等学校学生管理规定》得到实实在在的执行。

与跨省（市）大学城一样，单一省（市）大学城充分利用基础设施、扩大管理效益的优势也是明显的，但同样存在各高校间学生管理不一致的问题。这种不一致，不仅源于各高校之间的专业特色，也源于各高校的定位，例如，有的是研究型大学，有的是教学型大学，有的是综合型大学，有的是多科性大学，有的是专门的学院（如医科、工科、农业、教育等），有的是职业技术学院等。同时，这种大学城还存在着不同高校对学生管理的认识不一致的情况，例如，有的非常重视，可能在管理上就做得比较细，有的认识可能不到位，可能管理就会有疏漏。

这种管理的不一致，将可能导致大学生社区管理出现偏差，使得因为信息反馈得不及时、管理得不到位而酿成工作失误。

3. 社区化管理取得的实践成效

实施学生社区化管理不但可以较好地应对高校后勤社会化改革和教育教学改革给高校学生教育管理带来的新机遇、新挑战、新任务和新问题，而且使学生党建与思想政治工作的着力点更明确、体系更完善、育人机制更健全，对学生的教育管理成效也更明显。其主要实践成效具体表现在以下几个方面。

第一，能够增进各学校、各级组织与学生之间的交流和情感联系。近几年不断出现的学生与学校之间的法律纠纷一度成为整个社会关心的热点问题。发生这些问题的一个很重要的原因是学生与学校之间缺乏必要的、平等的交流与沟通，因此引发出学生、家长、社会与学校之间的诸多矛盾。而社区化管理改变了师生以前对社区化管理改革的消极认识及评价，通过政工人员和学生社区中的党团组织机构与心理咨询机构的工作，缩短了学生与组织间的空间距离和心理距离，进一步体现出思想政治教育应具备亲和力和感染力的特点，师生之间、学生与组织之间、学生与学校间的关系也更加自然和谐。

第二，服务机构和成才育人环境将更加优化。在以社区党总支为核心的管理体系中，综合利用好各种服务机构，加强统一指导，能为学生的成才提供一个更加完整、科学、有序的体系和空间，使社区的管理和服务更加快捷、完备。社区化管理可以科学整合各种资源，增强教育管理合力，在社区管理体制下诞生各种健全、富有活力的社团组织，为社区创造丰富多彩的科技文化氛围，为学生素质的拓展提供更加立体的空间，对学生个体知识结构的完善、个性的培养和素质的拓展发挥了积极作用。从管理和经营角度提出社区的统一管理思想和教育理念，为学生的成才和教育机构的育人提供了更加优化的内外环境，能够有效保证高校连续扩招后教育管理质量和学生素质的稳步提高。

第三，更加有利于贯彻“以人为本”的管理理念，优化育人效果。在以人文素质、健康成才教育等为主要内容的氛围中，这种管理方式使学生真正成为学校服务的对象和主体，自始至终坚持把学生的成才放在第一位。如果要在整个教育过程中真正地贯穿这一主旨，高校就必须为学生的成长与发展提供良好的物质条件，在此基础上创造良好的“求知、求真”的学术氛围，营造出一种以人文素质、健康成才教育等为主要内容的道德文化育人氛围，给予学生一种积极的引导，使学生在良性的德育氛围的感染熏陶下主动去锻炼、提高自己，最终培养学生良好的生存适应能力。

（二）高校学生社区化管理的挑战和对策

1. 社区化管理面临的挑战

全面实施学生社区化管理是高校学生思想政治工作迈出的具有代表意义的一步，在国内各高校先后进行的各种形式的理论研讨和实践探索，解决了部分理论和操作问题。但是全国高校地域分布广泛、办学特色不一、教育环境和教育条件参差不齐等因素决定了任何一种管理模式都要经历一定的过程。社区化管理在实践探索过程中仍存在一些具体挑战，主要表现在以下几个方面。

第一，内部机构关系和运作方式尚欠科学和完善。例如，社区化管理还需要构建并处理好教育、教学、招生就业三大平台之间的关系；需要进一步处理好教学管理与教育管理、社会化服务管理及教育教学管理之间的关系；需要科学分析和分配学生教育管理平台内部机构间的权重等。

第二，对实施学生社区化管理的后继问题的重视程度和研究不够，前瞻性理论探索较少。例如，随着改革的进一步深化，政治、经济、社会、文化、教育等诸多方面将会出现许多新的变化，学生社区化管理要怎样适应这些变化等问题缺乏研究。

第三，急需提升学生社区的价值，即使学生社区在学校机构设置、运行体制、社会效益、育人过程中体现出更大的效度和影响力。

第四，在跨省（市）大学城和同省（市）多所大学集聚的大学城，存在着学生社区管理不统一的问题。由此可能导致一些不稳定因素从管理的薄弱环节滋生，有可能成为影响全局稳定的因素。

2. 社区化管理的对策

高校学生社区化管理无论是作为高校适应社会发展的需要，还是内部区域管理策略，或是对学生进行方向性教育的过程之一，都有着十分重要的现实意义，在现有的基础之上展开这方面的建设应注意以下几点。

（1）借鉴国内外高校学生教育管理模式，不断加强实践探索和理论创新

传统的学生管理工作观念一直轻视寝室的育人功能，将寝室当作完全物化性存在，因而在实际工作中只重视学生生活环境的维护与保持，没有自觉地发挥寝室作为学校育人工作环境之一的应有作用。同时，由于其工作视角单纯停留于单个寝室，而未能将以寝室为单位组成的学区纳入视野，也很少注意学区育人功能的发挥。

在高校，学生的专业教育一般由各个教学系（院）来完成，学生的思想政治

工作则由学校和学院具体的学生工作机构来完成，学生的物质生活需求由后勤部门来满足。而对学生进行未来生活训练，培养其成为遵守社区规范，具备相应社区意识的文明公民的教育任务却没有一个成型的组织来承担。这无疑是大学教育的一个疏漏，从这个角度讲，建立大学生社区，完善学生社区管理，是完善高校育人职能、优化高校育人环境的必要举措，是当前高校学生管理工作迫切需要解决的问题之一。只有自觉地将学生社区建设纳入学生管理工作中，并给予其应有的地位，学生社区培养社区现代公民的育人功能才有成为现实的可能。

因此，加强理论建设和创新一定要贯彻开放办教育的理念，不断增强学习意识与开放观念，不断加强理论建设。高校学生社区化管理需要改革者具有开放观念和博大胸怀，通过不断比较，发现差距，促使在社区化管理的过程中自觉主动地探索理论，积极准备改革所需的条件；应提倡各高校之间的交流与合作，互促互进，在实践中不断积累宝贵经验；应夯实理论基础，加强理论建设创新，为高校学生社区化管理向纵深发展而共同努力。

（2）完善运行体系、解决机制问题是社区化管理的关键所在

机制是不可或缺的软件，建设好学生社区需完善三大机制，即学生社区运行机制、学生社区志愿者参与机制和学生社区的内部激励机制。学生社区的运行机制是学生社区得以正常运转的前提。利用学生社区公共设施和相关权力，以满足服务需求为目标，不断提高服务质量，保持服务的功能成本，长期维持服务的再生产，这种周期性的进程状态即是学生社区的运行机制。这一机制本身说明学生社区组织的非营利性；或者说非营利性是学生社区行为的特征之一，是学生社区自我服务、自我调节功能的体现。不断地实现这一机制良性运转的关键是服务质量；服务质量同样也是确立学生社区形象的基础，是学生社区存在的必要性的证明。

学生社区的志愿者参与机制是培育学生社区人文生态环境的深层次社会文化问题。在学生社区中建立一支具备一定数量和质量的志愿者队伍不仅是一种管理现象，更是一种文化现象。事实上志愿者本身即是社区意识的内在有机组成部分，是社区成员积极参与社区事务的显性表现。在学生社区，志愿者的行为是建立一个以人为本、文明互助、共同参与的和谐学生社区的重要途径。

学生社区的内部激励机制是学生社区积聚人心、发挥作用的保证，学生社区的非营利性能否像企业一样具有关注效率的动力，主要有两个问题：其一，非营利性组织的动力主要在于获得居民的满意和社会的认可，这是一种深层次的心理需求。市场经济导致一些人会为利而动，在这种情况下，为他人和社区努力工作

的人尤其会得到他人和社会的尊重。其二，个人运用社区职能通过解决社区矛盾进而解决个人问题的有效途径。一个发育良好的学生社区环境通过事务公开化、透明化，将工作者的各种努力、困难、成绩和失误显现出来，靠来自外部的反应去推动自己努力改进工作，从他人眼中看到自己的状态从而调整自己的行为，进而完善自我。

（3）教育管理结构和管、教关系的调整和平衡

学生社区建设是一项系统工程，必然需要对原有学生社区管理结构进行调整，科学处理教育和管理的关系。首先，必须结合高校实际对原有学生工作进行结构性调整，并建立健全相应的规章制度。其次，还需要处理好管理载体、教育平台、育人方式等全方位的问题。头绪纷繁芜杂，加之无成型的经验可借鉴，面临的问题和难度都比较大。但以结构调整作为切入点，是一个比较可行的思路，具体要处理好以下几个关系。

一是各级学生社区与社区总管理委员会之间的纵向关系。各学生社区管理委员会在人事安排上是一致的，都是根据三大职能安排负责人。学生社区总管理委员会由专职政工人员组成，负责相关政策制定、处理学生社区与校内外各社会机构关系、领导学生社区等工作。各分委的工作重点落实在学院一级，它依托学生专业而保持相互之间的独立性，同时与总管理委员会保持一致性。各支委是学区管理的基层组织，它直接与楼层和寝室发生联系，同时也可在力所能及的范围内与相关单位交涉学区事务，因此也应具备相对的独立自主能力。

二是校学工委、团委与学生社区总管理委员会的关系。学生社区总管理委员会是校学工委的职能部门之一，是学生社区管理中最具有实权的管理层次，尤其在实现学生社区维权的功能方面，其作用更加明显。学生社区主要通过总管理委员会实现与相关部门的平等对话，解决实际问题。团委介入学区管理，主要体现在对学区成员的思想教育与严格管理方面。各学院学生工作办公室的主要负责人一般也是学院的团总支书记，因此共青团这条线的介入有利于加速形成一支由各院（系）团总支专职干部、各学生辅导员组成的宿舍思想教育、纪律管理、寝室内务管理队伍，有利于各项活动的协调，保证宿舍后勤管理的顺利开展。同时，团委是学生思想政治工作与校园文化工作的主体之一，团组织又直接指导各级学生会组织，有利于将寝室文化活动纳入整个校园文化建设中去综合考虑，从而引导寝室文化向高层次发展。

三是校学工委与社区的关系。对于单一高校组成的学生社区而言，这层关系可以体现某种专业特色。以专业安排学生寝室的高校，可使整片宿舍区基本上也

成为一片专业区，很多基层工作需要在这一层面来组织和解决。高校学生工作委员会可以通过本校学生会来协调与支委的关系，这其实也是将基层学生工作重心由班级向寝室转移的一种方式，从而使学区成为校园内各项学生活动展开的活跃区域之一。对于多所高校组成的大学城而言，这种关系还必须增加一层，即各学校学工委与大学城管委会之间的协调关系。学工委的各类管理工作与活动除了考虑本校的相关特色外，还应与大学城管委会协调，通过管委会与大学城内其他高校协调，使其活动或管理产生更大的规模效应。

四是根据学生社区职能，设立相应的管理机构。从人事角度处理，在大学城管理总委、分委、支委上各自安排人员以执行这三大职能。学生社区管理支委设学生社区区长一名、副区长一名、志愿者队长一名，也可根据实际情况适当增加管理人员数量，从而形成以学生社区区长、志愿者队长、楼长、宿舍长为主的学生社区管理基层机构。校院级学生社区管理机构可在原有学生寝室管理机构的基础上合理增加或加强学生社区的相应职能，如学生权利维护等。

这种管理方式并未对原有的学生管理结构做大幅度的调整，从而使其更具有现实可行性。学校、学院、楼层（或公寓）三级管理有助于发挥不同的优势；校学工委、院学工办和院学生会的介入使学区工作顺利地纳入学生管理工作轨道，从而保证原有学生工作的连续性，方便学校相关部门对学区工作进行帮扶指导。当然这种管理布局也不一定适合所有院校。对此，还有一种更加彻底的解决办法，即将学生会组织直接设立在各个学区之上，由校学区管理委员会和校团委直接指导各个学生社区的工作。

五是制度和机构设置要同步。为了学生社区工作的顺利开展，制定相关制度是必要的。但从目前学生管理工作的状态来看，能否保障学生社区管理委员会具有相应的学区管理权利，能否保障学生作为学区居民与学校、后勤等部门具有平等对话的权利，以及能否保障学生通过民主渠道参与学区乃至学校的相关事务，是影响学区生命力的决定性因素。

六是细化管理规章，解决管理的薄弱环节。这对于由多所学校组成的大学城管理尤为重要。一定要通过管理规章的细化与统一，解决不同学校在管理上的疏漏。现阶段，各地的学生社区建设面临许多新问题，如学生社区规划问题、组织建设问题、学生社团活动如何与学区管理结合问题、学区矛盾与纠纷是否应用法律手段解决等问题，都会现实地摆在大家面前。但实行学区管理无疑是符合高校教育规律的，它体现了思想政治教育工作与规律相结合，融于学生具体生活实践的德育原则，提高了学生管理工作的规律层次，有利于学生自立、自主、自强意识的培养，有利于为社会培养具有现代人文意识、现代生活观念的社会主义新型公民。

(4) 准确把握高校学生社区化管理的发展方向

随着高校社会化改革的不断深入，高校学生社区化管理应该向哪些方面发展是目前需要讨论的重点问题。学生社区应该成为培养德、智、体、美、劳全面发展的人才及“管理育人、服务育人”的重要阵地，应该是影响大学生成长、成才的重要环节和学校精神文明建设的窗口。因此，高校学生社区化管理应该成为高校改革的重点，有些传统的管理模式已不能适应高校的发展，学生社区化管理势在必行。从高校社区化管理的发展方向看，不断完善学生社区的教育管理机制，积极探索学生社区管理的新思路、新办法，建立与传统的班级管理模式差距较大的新型大学生社区管理模式是今后发展的方向。

第三节　高校学生信息化管理研究

一、信息化管理的相关概念

（一）信息化管理

通常信息化管理的概念主要有两种理解，一种理解是，在实际管理过程中有效应用信息化，通过信息资源和信息手段有效提高管理效率和质量，优化管理组织结构，提高管理效率；另一种理解是，信息化管理就是对组织信息化全过程进行管理。

目前，针对信息化管理的概念和含义阐述还没有相对成形、相对统一的结论。以下是本书就第一种理解对信息化概念进行尝试性分析的内容。

第一，信息化管理是过程概念。管理和信息化各自都属于过程概念，所以借助信息化对过程进行限定时，也是将一个过程应用到另外一个过程中。因此，可以认为信息化管理也是过程概念。

第二，信息化管理工作要充分应用信息技术。信息化管理要充分借助信息资源和信息技术，加强信息手段在管理工作中的实际应用，来有效提高管理效率。

第三，信息化管理应当应用于一定的组织内部，并非泛化概念。

第四，信息化管理应当由专属的组织进行规划和协调，进行具体落实和执行。

通过上述分析可以得到，信息化管理就是在专门的组织统一规划和协调下，将信息化技术应用到整个环节和过程中，有效加强对信息资源的开发和利用，提高管理效率和质量，优化组织结构。

需要注意的是，信息化管理并不是直接使用计算机程序来取代人工管理过程，而是借助信息化技术优化工作流程，在确保更有效更高质量完成组织目标的前提下，加强协调和规划，从而使工作流程和程序更加科学和合理。在调整和规划过程中应当充分考虑信息资源和信息技术所具有的优势和特点，要将可信息化处理的部分编写成信息系统，将相关资料转化为数字化资源。总而言之，信息化管理是在人的参与和引导下，借助信息化手段，提高管理效率，这并非是对传统管理模式和方法的全面否定，而只是作为一种辅助手段，有效提高工作效率和质量。

（二）高校学生信息化管理

高校学生信息化管理是指基于原有管理模式，通过交互化信息网络，借助信息化应用服务体系，对传统管理模式和管理体系的实际应用进行优化和改进，从而提高管理效率，实现对学生的引导和教育。其具体内容主要有以下两个方面。

一方面，高校应加强对学生事务管理的信息化建设，充分依托事务管理信息平台，提高平台的功能完善性和科学性，建立网络化和数字化的信息管理模式。学生事务信息化管理的实质和内涵是通过对信息技术的有效应用，优化事务管理工作流程，建立基于信息化管理平台的管理工作机制，将事务管理中所涉及的信息以数字化的形式进行归纳和整理，进行共享和应用。

另一方面，高校应加强对思政教育的信息化建设。学生信息化管理能够有效提高思政教育的时效性，提高师生之间的互动和交流，提高沟通效率和质量；积极借助信息技术优化教育模式，将传统教育模式和体系与信息技术进行紧密结合，有效开辟网络教育新阵地，拓宽思政教育渠道和空间，提高思政教育效率和质量；借助网络增强师生之间的互动和交流，将思政教育更好地渗透到学生的日常生活和学习中。

学生信息化管理由信息化制度、硬件设施配备、系统平台和具体操作的工作人员所构成。学生信息管理系统是信息化管理的实质和核心。在学生信息化管理的具体实施过程中，档案信息应当处于首要地位。

1. 构成要素

学生信息化管理与其他领域信息化管理一样，也包含信息网络、信息资源、信息技术应用、信息化管理人才、信息技术产业和政策法规这六大要素，他们共同构成了信息化体系。其中，信息化管理的基础是信息网络，核心是信息资源，最终目的是应用信息技术和挖掘信息资源，政策法规、信息技术产业和信息化管理人才则是实施信息化管理的重要保障。

（1）信息网络

信息网络是开发学生信息化管理的重要前提和物质保障，也是信息化建设的重要环节和内容。当前大部分高校都提出并践行数字化校园，大力建设校园网络，绝大多数高校都实现了和中国教育管理网的有效链接，并积极搭建了专属于该校的校园网络，各管理部门也构建了专属的管理网站，并实现了网上办公。学校也充分考虑到学生的上网需求，提供了多样化的条件和支持，加大网络实验室和计算机中心的研发和建设力度，积极搭建局域网。通过优化基础设施建设有效提高学生信息化管理的发展效率和水平。

（2）信息资源

学生管理信息资源主要是指在对学生进行管理时所产生的信息资源，加强对学生管理信息资源的有效挖掘和应用能够有效提高信息化管理水平，提高管理效率和质量。

学生管理信息资源包含两类，一类是学生管理软件中所蕴含的管理信息，另一类是管理信息系统中蕴含的学生信息资源，大多是系统所涉及的基础数据。学生管理软件中所蕴含的信息资源主要是基于多媒体素材的信息资源以及基于学生管理信息资源生成、分析等的互联网资源和工具资源。文中所提及的学生信息资源是指为培养现代化学生而建立的包含管理资源、管理内容、被管理者等的数据库资源。

（3）信息技术应用

加强信息技术应用能够有效提高学生信息化管理的水平和质量。高校要基于信息资源和网络，加强信息技术的有效应用，需主要做好以下几件事：第一件事是要加强应用方法、咨询理论等方面的建设，把握好信息技术应用的方向，提高信息化管理的水平和质量；第二件事是要构建学生信息化管理模式，要基于教育管理内容、目标对象、信息化环境等优化模式。第三件事是要有效提高相关工作人员包括学生和教师等的信息技术掌握能力和应用水平。第四件事是要积极开展学生管理和信息技术紧密融合的实践和研究，使其成为推动学生信息化管理的有效推动力。

（4）信息化管理人才

想要有效提高学生信息化管理效果，就应当培养优质的信息化管理人才，要确保信息化管理人才具备较为先进科学的管理理念，了解信息技术的相关知识，能够善于应用信息技术，确保信息化管理人才能够真正发挥其应有的作用和价值。

信息化管理人才主要包含两种含义，一种含义是指通识型信息化管理人才，主要是指负责学生管理、教育培养、服务等的人员，要提高该类人员的能力和素质，提高他们的知识储备和信息技术应用水平；另一种含义是指专业型信息化管理人才，主要是指从事智能形态技术和物态化技术的学习和研究，为信息化管理保驾护航的专业人才。

对这两类信息化管理人才的要求也不尽相同，通识型人才需要掌握基本的信息技术应用能力，要善于获取信息并对信息进行分析加工；而对于专业型人才要求则更高，大多是网络工程师或高级软件人才等。

（5）信息技术产业

信息技术主要是指对信息进行收集、储存、加工和应用等的方式和手段所构成的体系。其内涵主要分为两个层面：方式和手段。方式是指借助信息媒体对数据信息进行收集、储存、加工等的方法，是智能形态的有效技术。而手段则是指电子媒体、印刷媒体等信息媒体，是偏向于物化形态的有效技术。这两者要有效运用共同构成的信息技术，信息技术的核心和实质是信息传播网络化和信息数字化。信息技术是开展学生信息化管理的重要推动力和技术支持。加强信息技术研究和应用能够有效提高学生管理信息化的内容，提高工作开展的效率和质量。

信息技术产业主要是指信息技术服务业和设备制造业，特别是设备制造业的推动和进步需要充足的资金和强有力的技术支持。因此，在学生信息化管理工作开展过程中，必须加强社会各部门的相互配合、相互协作，共同推动信息技术产业的进步和发展。其中，学生管理信息技术产品的制造业应当充分调动企业、科研部门、学校相关部门等的相互合作和配合，从而有效分担学校所承担的压力，让学校能有更充分的时间、精力和资源投入信息资源的挖掘和技术服务开展方面。

（6）政策法规

学生信息化管理是一项相对较为复杂、涉及内容较多的项目和工程，为了更好地确保信息化管理的稳步推进，国家相关部门必须承担起自身的责任和使命，要加强政策法规的建立健全，以确保信息化管理过程中所涉及的方方面面都能在制度约束范围之内，也能确保各要素之间更加协调和规范，从而营造良好的环境，确保高校能够更高质量地开展学生信息化管理。

2. 性质和特征

学生信息化管理的内涵和实质是通过网络技术、计算机技术等加强对信息资源数字化建设，提高管理科学性，推动高校网络化发展。其中学生信息化管理的核心是信息资源数字化，基本保证是管理科学化，重要基础是校园网络化。

学生信息化管理建设是长期、动态的，是对教育模式、观念、组织结构、管理体制等进行优化和完善的重要途径和过程，能够有效提高学生管理、教学服务等的质量和水平。同时，在动态化发展的过程中，其自身也能得到进一步的优化和完善，不断丰富内涵。

学生信息化管理从静态组织结构形态看，具有一定的系统属性，具备一定的体系结构；从表现形式来分析，是组织、观念、工具、管理信息化的有机体；从体系结构来分析，是包含数据库和信息资源、信息化标准和规范、网络平台、组织管理体系等的有机体。

3. 目标和任务

学生信息化管理的有效开展是为了提高学生综合素质，提升其信息素养，构建和知识经济和信息社会相匹配的教育形态，从而更好提高学生的全面发展和综合素养，也有效突破传统教育的弊端和局限，突破时空限制，突破地域局限，为全球教育体系的构建奠定良好基础。究其根本，开展学生信息化管理是为了更好地提高人才培养的质量和水平。

二、高校学生信息化管理创新的基本思路

（一）信息化思维在高校大学生教育管理中的优势

1. 信息化强调社会主义核心价值观的引领作用

社会主义核心价值观是全党全国各族人民智慧的结晶，是思想的基石，也是信息化时代体现中华民族特有意志和精神的重要内容。社会主义核心价值体系在不断完善中形成了完整的内涵结构。每一个组成部分都可以相对独立地构成一个次级的价值系统，又可以耦合成为一个完整的价值体系。每个部分既各有侧重又互相补充，一起彰显着社会主义的原则、本质、方向、精神等，具有很强的思想创造力和创新性，也具有很高的整合性，成为教育教学和管理服务中非常重要的手段和载体；有效突破了教育教学和管理在内容上整齐划一、在层次上不明晰的问题，使教育教学和管理服务内涵更加丰富明确，内容更加流畅系统，表述更加科学规范，体系更加健全稳定。高等院校要肩负国家和社会给予的使命，培养能

够推动社会主义现代化发展的人才，这是育人为本的重要内涵。在教育教学和管理服务中，要充分利用信息化的作用和意义，培育和践行社会主义核心价值观，引领大学生健康成长，是坚持德育为先的首要选择。

高等学校坚持“育人为本、德育为先”的教育理念，就是要解决依靠什么来“培养什么人、怎样培养人”的重大问题。借助新媒体这一信息平台，在潜移默化中将社会主义核心价值观内化为大学生的价值观念，从而转化为大学生的价值追求。培养符合社会主义现代化建设发展需要的优秀人才，必须充分发挥社会主义核心价值观的重要作用和影响力，帮助大学生树立健康积极的思想状态；用马克思主义巩固思想教育成果，加强思想引导，树立正确积极的价值观念；要充分发挥马克思主义中国化最新理论成果的作用和价值，帮助学生武装头脑，确立初心；借助中国特色社会主义共同理想调动学生的爱国情怀和奉献精神，凝聚力量，增强向心力；用时代精神激励学生的斗志，帮助学生提高变好变强的决心和勇气；借助社会主义荣辱观帮助学生树立社会道德品质，巩固全党全国各族人民团结奋斗的共同思想基础。在大学生群体中培育和践行社会主义核心价值观，既是在高等学校进行思想政治教育的重要内容，也是建设社会主义强国、实现中华民族伟大复兴所赋予的历史任务。这就需要充分发挥各种教育载体特别是新媒体的作用，采用喜闻乐见的信息发布形式，激发学生的学习兴趣，形成教育合力，提高教育效果，促进大学生思想的成熟与健康发展。

2. 信息化构建践行社会主义核心价值观的有效载体

当前，由于经济转型和社会发展变迁的影响，市场经济大潮汹涌澎湃，各类信息呈现出大爆炸状态，引发人们价值观念的变迁和社会心态的流变，导致了功利性价值观的相对增强；改革开放的深入进行，外来思潮的广泛影响，出现了价值多元化的倾向；新媒体的有效运用，帮助人们觉醒了更多自主意识，也让以自我为中心的观念和意识盛行，这都在一定程度上给学生的教育管理带来一定的阻碍和影响，大学生的教育与管理上出现了一些不容乐观的问题，也对践行社会主义核心价值观的有效性提出了挑战。在新媒体时代，发挥新媒体信息化所具有的长处和优点，能更好地推动教育管理工作的有效开展，更好地培育和践行社会主义核心价值观，用社会主义核心价值观指导对大学生的教育，不断提高大学生的思想政治素质与理论水平，把他们培养成中国特色社会主义事业的合格建设者和接班人。而如何运用新媒体发挥信息化的长处是当前必须面对的富有挑战性的任务，可以利用青年大学生所具有的特点，如对新鲜事物的接受能力更强，非常善于使用新媒体，且对信息的敏感度更高，充分突显信息化的作用和价值。

时代的不断变革和发展，使信息“泛滥成灾”，面对青年大学生的成长特点，传统的教育管理方法与当前大学生在价值取向、政治态度、心理发展、道德养成、行为模式等方面的变化产生了一些不适应。新媒体传播空间具有开放性、自由性。新媒体在一定程度上有效拓宽了教育管理的平台，智能手机更成为学生日常生活的必需品，甚至大多数学生在学校期间也都配备了电脑。新媒体强大的信息传播与承载功能，在教育者与受教育者之间构建了更便捷、畅通的渠道。新媒体提供了教育管理的新方式，可以借助多元化的对话活动和网络互动有效传承和弘扬社会主义核心价值观，了解大学生的思想动态，答疑解惑，在舆论导向上进行正确的引领。新媒体提高了大学生教育管理的针对性和有效性。新媒体的网络平台因其虚拟性，有利于交流者敞开心扉，倾听相互的观点与诉求，提供了从侧面了解相互之间真实想法的机会，能够有针对性地加以引导与沟通，从而提高教育管理的有效性。在新媒体平台，人们可以比较自由地进行信息交流，可以发布或获取各种信息、资料、图片、视频，开放性地向更多的人传播所思、所见、所想，形成自由开放的信息传播空间。新媒体在信息传播主体上具有多元性、平等性。信息传播主体由一元发展为多元体现出泛化的倾向，实现了“所有人向所有人”的社会化平等性传播，处在不同社会群体和社会阶层中的人都能通过新媒体发出自己的声音，所有的人变成平等的“信息人”，作为新媒体使用主力军的大学生更在信息交流中占据主体地位。新媒体作为信息科技手段，在方便大学生学习生活的同时，也表现出传播信息的多元性与复杂性。信息传播自由在一定程度上也带来了“不利”的一面。信息量非常多且杂，既有正向积极的信息，对学生的成长和发展有益；也有负面信息，给学生价值观念的培养和塑造带来影响，呈现出价值多元、意识模糊、是非难分等情形，让涉世不深的大学生面对海量的信息难以有效选择，有时会迷失在信息海洋中，即使受到不良影响也很难察觉。因此，有必要教给大学生学会辩证地观察与分析各类信息，同时对新媒体的信息化形式加以创新运用，发挥信息化在大学生教育管理中的作用。

3. 信息化渠道发挥新媒体在教育管理创新中的功能

要想促进学生信息化管理创新，必须借助新媒体的力量，使相对较为抽象的观念更加大众化和具体化；还要有效推动社会主义核心价值观和学生思想教育管理紧密结合，在明确教育管理理念的基础上，将新媒体应用到学生学习的各个方面；并通过推动社会实践，开展多样化的主题活动，开展大量的志愿活动，提升学生的自身修养，外化为大学生的自觉行动，规范学生的自身行为，促进学生全面发展。

（二）推进高校学生管理创新是形势发展的迫切需要

1. 是适应高等教育大众化发展的需要

近年来高等教育获得了较大的发展，学生规模不断扩大，人数不断增多，教育教学改革不断推进和深化，特别是弹性学分制以及社区化管理的有效推动，使得班级概念不断模糊和淡化，这在一定程度上都会对学生管理产生影响，也给学生管理工作提出了更高的挑战和要求。管理工作人员必须优化工作理念，加强资源配置，树立创新意识，才能更好地推动学生管理工作高效发展，也才能适应教育大众化的发展背景和环境。

2. 是加强和改进学生管理工作的内在需要

学生管理工作归根究底是对学生的思想进行引导、对行为进行规范、对生活进行管理、对学习进行要求的教育引导工作。当前，随着时代的发展和变化，思想观念不断多元，生活方式也逐渐丰富，这都会对学生的价值观念带来一定的影响，使学生的思想意识具有时代印记，特别是网络信息的普及和发展，对学生的理想信念、个性品质、兴趣爱好等都有较大的影响。在相对较为开放的环境和背景下，学生更加注重民主、更加注重自我，法治意识更强，更希望得到尊重和认可，个性也更加肆意张扬。在这种环境和背景下，学生管理工作的难度相应增大，若延续传统的管理方式，势必无法贴合当前的发展背景和实际。因此高校必须要加强对时代潮流的了解和顺应，要能够在实际工作开展过程中加强对学生主体意识和个性特点的尊重，通过更先进科学的思维意识和管理理念，对学生进行管理，真正满足学生的发展需要，也真正发挥育人的作用和价值，更好地推动高等教育教学质量的发展和变化。

3. 是培养创新人才的需要

随着科学技术的不断发展和进步，要想满足社会对人才的需求，必须加大对高校学生的培养力度，培养出综合素质足够高的专业化人才。要想实现这个人才培养目标，必须加大教育创新和制度改革，不仅要创新教育管理观念，还要创新人才培养模式。在高校教育当中，学生信息化管理工作是教育培养人才的重要途径和方式，加强学生管理创新就是要不断培养创新人才，这是高校的责任和担当，也是教育改革和创新的重要方式和手段。

（三）开拓大学生管理工作的新思路

面对当前学生管理方面存在的新挑战和新现状，结合学生所具有的新特点，如何更好地提高学生管理工作的效率和质量、培养出更优秀的人才已经成为很多教育管理者的关注重点和研究课题。传统模式下的说教和训诫方式已经不能满足实际工作开展需要，必须要对工作方法进行灵活调整和优化，要采用全新的管理理念，开拓新的管理思路。

1. 注重情感教育

所谓情感教育，就是高校开展学生管理工作时，能够做到动之以情、晓之以理，能够以情育人、以理服人。首先，教育工作者应当正视学生，将学生当作有血有肉、有情感的人来进行管理和服务；其次，要在开展学生管理工作时加强对情感的重视和引导，围绕情感开展教育，提高教育效果和质量；再次，要加强尊重，善于挖掘情感切入点，因势利导，加强教育和管理工作；最后，要善于把握舆论作用和价值，善于把握教育引导时机，及时给予学生肯定和鼓励，培养学生向好的信心和动力，以情激情，帮助学生培养高尚的道德品质。

2. 树立人本观念

（1）师生之间应树立平等意识

要想增强师生之间的互动和交流，必须采取有效措施，改善师生关系。对于师生关系来说，对应的是平等的关系，是基于人格平等上的合作交流关系。在师生关系建立当中，必须凸显出学生的核心主体地位，教师要起到良好的引导作用，学生才是学习的主人。在教学管理活动中，教师要引导学生学会自我管理，给学生更多的空间和自由，不要过多约束和干涉。

（2）要让规章制度充满人情味

制度建设是加强班级管理的有效手段和重要措施，但制定和实施制度还需要充分结合所面向班级的实际情况和特点，要充分结合学生的个性特点和年龄特征，不能以惩罚等作为目的和落脚点。

（3）教师要尊重学生的个性差异

素质教育的核心是个性化教育，针对不同的学生来说，是存在一定差异性的，要想从根本上提升教学效率、保证教育成功，就必须尊重学生，采取个性化和专门化的教育方法，针对不同的学生，要采取相应不同的教学方法，通过加强个性化教育，可以为学生创设良好的学习环境和学习氛围，从根本上提升学生的思维创新能力。

（4）教师要树立“学生是发展中的人”的意识

学生作为被教育者，无论是通过与同龄人的横向对比变化或是与自我的纵向成长对比，都能发现学生还处在发展和变化的阶段中，未来具有无限可能性。学生的成长和发展除了受先天性的遗传因素影响外，还会与教育条件、生活学习环境等存在着较为密切的关系，无论是心理成长和生理成长都在环境、遗传、教育的相互影响和相互作用下，逐渐成长和成熟。这种变化有时可能是相对较为缓慢的，有时却可能是相对较为迅速的，往往呈波浪式前进。因此，在开展学生管理工作时，应当正视学生所处的年龄阶段和身心发展特征，不要用固化的观点和意识来对学生进行批判和指责，也不能不加管理随意任学生发展。相反，管理工作人员应当加强对学生身心发展阶段的了解，结合不同阶段的心理特征，加强引导和帮助。

（5）培养学生的责任意识

学生管理中所涉及的责任意识是指道德意识。要引导学生反对等级观念、个性束缚等错误意识和观念，培养他们形成“疾恶如仇”的性格特点，也要培养学生增强集体意识和责任意识，要具有奉献精神和大无畏精神。

3. 树立以学生为本的管理理念和全员参与的大教育管理观

有什么样的教育观念，就有什么样的教育活动。推进学生管理创新，首先要树立切合学生特点，树立“以学生为本”的管理理念和全员参与的大教育管理观，这是学生管理创新的前提和先决条件。现代管理学认为，人是各种资源中最重要的资源，是管理中的首要要素。树立以学生为本的管理理念，就是要求管理者在管理的过程中，把学生看作管理的核心，一切工作以学生为中心展开，把关心学生、尊重学生、激励学生、解放学生、发展学生放在首位，最大限度地满足学生的需要，最充分地调动学生的主动性、积极性、创造性。具体而言，就是要求高校在学生管理的过程中，深入了解学生，认真研究学生的需求，把发展学生的综合素质和创新能力作为学生管理工作的出发点和落脚点。同时，在管理中充分发扬民主精神，发挥学生的主观能动性，让学生明白自己既是管理的对象又是管理的主体，提高学生自我管理、自我教育、自我服务的能力。全员参与是指高校学生管理工作主体的全员化。高校学生管理工作千头万绪，只靠政工干部“独家经营”难以完成。推进学生管理创新，要树立全员参与的大教育管理观，强化学校党政各部门和单位的育人和管理意识，充分调动学校内外各方力量和各方面人员参与学生管理的积极性，建立起以学生工作部门与学生工作队伍为主体，校内各部门、教学人员、教辅人员、学生干部、社区管理人员齐抓共管，管理、教育、服务相结合，学校、家庭、社会相配合的全方位的学生管理新格局，从而形成管理合力。

4. 运用现代科学技术，构筑学生管理信息平台

当前科学技术飞速发展，信息技术的进步和互联网的发展更是日新月异。随

着高校校园网络化、数字化进程的加快和校园网的普及与发展，大学校园正成为我国互联网用户最密集的区域，大学生已成为上网的最大群体之一。作为新的信息传播媒体，互联网已成为大学生们获取知识和各种信息的重要渠道，并对他们的学习、生活、思想观念、行为方式、个体心理产生了深刻的影响，对大学生教育管理带来了一系列革命性的挑战。作为管理者，必须学习掌握计算机应用技术，努力探索网络时代学生管理的新方法、新途径，创新学生管理手段，提高学生管理工作的信息化水平、科学化水平，只有这样，学生管理工作才有吸引力。

具体来说，一是要建立学生信息管理数据库。信息是管理活动不可或缺的资源，全面、详细地掌握学生的信息，是做好学管理工作的必备条件。为此，高校从大学新生开学伊始，就要开始收集、整理学生各方面的信息，比如建立新生录取信息数据库，做好学生登记表、学生家庭联系表、困难学生情况表等；同时将学生成绩、获奖情况、组织发展等学生发展的动态信息及时输入，进行加工、处理，制成电子档案，为有的放矢地开展学生管理和教育工作奠定基础。高校还要建立学生管理服务平台，如通过学生管理工作专题网页、微博、QQ群等形式建立学生管理服务平台，主动占领网络阵地。学生管理服务平台的内容要符合学生的生活、学习、思想需求，各种信息要贴近管理、贴近生活、服务教学。民主、开放、平等、互动的讨论与沟通，受众面广，不受时空限制，可以改变过去以单向型为主“你听我说”的教育管理模式，有利于激发学生的参与热情和主体意识，增强学生管理工作的亲和力。

5. 健全学生管理机构，推进学生管理运行机制创新

学生管理队伍是学生管理主体的主要力量，是学生管理活动的主要执行者。管理机构是管理主体的组成形式，是组织内管理活动及其他活动有序化的支撑体系。整合学生管理队伍、健全学生管理机构是学生管理资源有效配置的重要方式，是推进学生管理运行机制创新的有效举措。从目前高校的情况来看，学生管理队伍一般是由校党委副书记、党委学生工作部管理人员和学院党委副书记以及辅导员、班主任组成，辅导员、班主任是学生管理工作的中坚力量，其执行力直接体现学生管理工作的水平。学校要根据辅导员队伍专业化发展的方向，进一步整合学生管理队伍，构建高起点的工作平台，从根本上扭转学生管理工作的临时思想和应付思想。同时要从政策上如职称评定、进修深造、年终考评等多方面加大对辅导员、班主任工作的激励保障，使学生管理岗位真正成为对教师有吸引力和价值感的“终生”工作岗位。

第四节 人力资源管理理论应用于高校学生管理的研究

一、人力资源管理的相关概述

（一）人力资源概述

1. 人力资源的概念

资源是一个经济概念，是指用来进行价值增值的财富，包括自然资源和人力资源。其中人力资源是生产活动中最活跃的因素，是一切资源中最重要的资源，由于该资源的特殊重要性而成为第一资源。那么，究竟什么是人力资源呢？从广义上来说，人力资源是指具有智力或者体力劳动能力的人的总和；从狭义上来说，人力资源是组织所拥有的用以制造产品和提供服务的人力。一般认为，人力资源是指能够推动社会发展和经济运转的、与当前和未来发展相适应的、具有智力劳动能力和体力劳动能力、能为社会创造物质财富和精神财富的人的总和。

2. 人力资源的构成

人力资源由数量和质量两个方面构成。下面分别从这两个方面介绍其构成内容。

（1）数量构成

人力资源数量分为绝对数量和相对数量两种。人力资源的绝对数量，从宏观上看，指的是一个国家或地区具有劳动能力并从事社会劳动的人口总数，它是一个国家或地区的劳动适龄人口。人力资源的相对数量也就是人力资源率，它是指人力资源的绝对数量占总人口的比例。一个国家或地区的人力资源率越高，表明该国家或地区可投入生产过程中的劳动数量越多，从而创造的国民收入也就越多。影响人力资源数量的因素有人口总量及其再生产状况、人口的年龄构成、人口迁移情况三个方面。

（2）质量构成

人力资源的质量构成主要包括体质、智质、心理素质、道德品质、能力素养和情商六大方面。

3. 人力资源的特征

人力资源作为经济资源的一种，具有与一般经济资源共同的特征，主要包括：第一，物质性，一定的人力资源必然表现为一定数量的人口；第二，可用性，通过人力资源的使用可带来价值的增值；第三，有限性，人力资源在一定的条件下形成，其载体具有生物的有限性。

但是，人力资源作为一种特殊的经济资源，也有着不同于其他经济资源的特征。

（1）依附性

从其概念知道，人力资源是凝结于人体之中的质量因素的总和，必须依附于一定数量的人口之上，虽然人力资源不等同于人口本身，但却不可脱离人这一载体。这就决定了人力资源具有依附性。

（2）能动性

人力资源的能动性是指人在生产过程中居于主导地位，在生产关系中人是最活跃的因素，具有主观能动性，同时具有不断开发的潜力。

（3）社会性

社会性是人力资源不同于其他经济资源的一个显著特征。对于其他资源来讲，它们具有纯粹的自然属性，并不需要精神激励的手段。而人处于社会中，人力资源效能的发挥受其载体的个人偏好影响，除了追求经济利益之外，还要追求包括社会地位、声誉、精神享受以及自我价值实现等多重目标。在追求这些目标的过程中，其效能的发挥不仅会带来生产力的提高和社会经济的发展，而且会产生许多社会性的外部效应，如人的素质的提高会增进社会文明程度、保护并改善自然环境等。

（4）时效性

人力资源的时效性受内外两个方面因素的影响。内因是指作为人力资源的载体，人的生命所具有的周期性。只有当人处于成年时期并投入社会生产活动中，才能对其开发利用，发挥人力资源的作用；当人处于未成年、老年时期，或其他时期退出劳动领域时，就不能称其为人力资源了。外因是指人力资源所表现出的知识、技能等要素相对于环境和时间来讲是有时效性的，如果不及时更新就难以满足外部条件变化的要求。另外，人的知识技能如果得不到使用和发挥，就可能会过时，或者导致人的积极性消退，造成心理压力；人力资源如果长期闲置不用，就可能会荒废和退化，甚至失去效用。

（5）再生性

不同于经济资源中的矿藏、石油等物质资源，人力资源具有再生性。它基于人类的再生产和劳动力的再生产，通过不断更替和“劳动力耗费、劳动力生产、劳动力再次耗费、劳动力再次生产”的过程得以实现。由于人的体能、人的知识是可以再生的，因此在人力资源管理过程中，应注意保持人力资源再生过程的顺利进行。

（6）双重性

人力资源既具有生产性，又具有消费性。人力资源的生产性是指人力资源是物质财富的创造者，而且人力资源必须与自然资源相结合，有相应的活动条件和足够的空间、时间，才能加以利用。人力资源的消费性是指人力资源的保持与维持需要消耗一定的物质财富。生产性和消费性是相辅相成的，生产性能够创造物质财富，为人类或组织的生存和发展提供条件；消费性则能够保障人力资源的发展。同时消费性也是人力资源本身的生产和再生产的条件。相比而言，生产性必须大于消费性，这样组织和社会才能获益。

（二）人力资源管理概述

1. 人力资源管理的概念

戴维·尤里奇被誉为人力资源管理的开创者，他最早提出了“人力资源管理”的概念。在此之前，人力资源被称作“人事管理”。戴维·尤里奇认为，现在唯一剩下的有竞争力的武器就是组织，因为那些传统的竞争要素，如成本、技术、分销、制造以及产品特性，或早或晚都能被复制。

人力资源管理是指为实现组织的战略目标，组织利用现代科学技术和管理理论，通过不断地获得人力资源，对所获得的人力资源进行整合、调控及开发，并给予他们报酬从而有效地利用人力资源。

通常来说，人力资源的数量为具有劳动能力的人口数量，其质量指经济活动人口具有的体质、文化知识和劳动技能水平。一定数量的人力资源是社会生产的必要的先决条件。一般说来，充足的人力资源有利于生产的发展，但其数量要与物质资料的生产相适应，若超过物质资料的生产，不仅消耗了大量新增的产品，且多余的人力也无法就业，对社会经济的发展反而产生不利影响。在现代科学技术飞速发展的情况下，经济发展主要靠经济活动人口素质的提高。随着现代科学技术的广泛应用，人力资源的质量在经济发展中起着越来越重要的作用。

人力资源基本方面包括体力和智力，从现实的应用形态来看，它包括体质、智力、知识和技能四个方面。具有劳动能力的人不是泛指一切具有一定的脑力和体力的人，而是指能独立参加社会劳动、推动整个经济和社会发展的人。所以，人力资源既包括劳动年龄内具有劳动能力的人口，也包括劳动年龄外参加社会劳动的人口。

关于劳动年龄，由于各国的社会经济条件不同，劳动年龄的规定也不尽相同。一些国家把劳动年龄的下限规定为15岁，上限规定为64岁。我国招收员工规定一般要年满16周岁，员工退休年龄规定男性为60周岁（到60岁退休，不包括60岁），女性为55周岁（不包括55岁），所以我国劳动年龄区间应该为男性16～59岁，女性16～54岁。

2.人力资源管理的内容

人力资源管理分为六大模块：人力资源规划、招聘与配置、培训与开发、绩效管理、薪酬福利管理、劳动关系管理。

人力资源管理的目标是让企业更好地进行人力资源的发展和规划。人力资源管理系统的重点是实现人力资源部门在员工素质管理、薪资管理、绩效考核等方面的需求。目前主流的人力资源管理系统的主要内容含有以下几个方面。

（1）组织管理

主要实现对公司组织结构及其变更的管理；对职位信息及职位间工作关系的管理，根据职位的空缺进行人员配备；按照组织结构进行人力规划，并对人事成本进行计算和管理，支持生成机构编制表、组织结构图等。

（2）人事信息管理

主要实现对员工从试用、转正直至解聘或退休整个过程中各类信息的管理，为人员信息的变动管理提供多种形式、多种角度的查询、统计分析手段。

（3）招聘管理

实现从计划招聘岗位、发布招聘信息、采集应聘者简历，按岗位任职资格遴选人员，管理面试结果到通知试用的全过程管理。

（4）劳动合同

提供对员工劳动合同的签订、变更、解除、续订、劳动争议、经济补偿的管理。可根据需要设定试用期、合同到期的自动提示。

（5）培训管理

根据岗位设置及绩效考核结果，确定必要的培训需求；为员工职业生涯发展制定培训计划；对培训的目标、课程绩效进行管理，通过绩效考核可以评价人员配置和培训的效果、对员工进行奖惩激励、为人事决策提供依据。根据不同职位在知识、技能、能力、业绩等方面的要求，提供多种考核方法、标准，允许自由设置考核项目，对员工的特征、行为、工作结果等进行定性和定量的考评。

（6）工资与福利管理

工资管理系统适用于各类企业、行政、事业及科研单位，它们直接集成考勤、绩效考核等数据，主要提供工资核算、工资发放、经费计提、统计分析等功能。福利管理系统为员工提供各项福利基金的提取和管理功能，主要包括定义基金类型、设置基金提取的条件，进行基金的日常管理，并提供相应的统计分析。基金的日常管理包括基金的定期提取、补缴、转入、转出等。此外，还提供向相关管理机关报送相关报表的功能。

二、人力资源管理理论在高校学生管理中的应用

当前，人力资源管理常见的理论有人际关系理论、双因素理论、公平理论、期望理论、挫折理论、权变理论、双因模式论、激励理论、需求层次论。针对高校学生管理，本书着重探讨了期望理论和激励理论在其实际中的应用。

（一）期望理论在高校学生管理中的应用

1. 期望理论的内涵与基本内容

期望理论认为，在任何组织中，员工会注意如下三个问题：第一，如果我努力的话，我能不能达到组织要求的工作绩效水平；第二，如果我尽力达到了这一绩效水平，组织会给我什么样的报酬或奖赏；第三，我对这种报酬或奖赏有何感想，是不是我所迫切希望得到的。相当于人们预期某一行为能给个人带来既定结果，并且这种结果对个体具有吸引力时，个人才会采取这一特定行为。即个人是否采取某一特定的行为并为之付出一定的努力取决于三个方面的问题：第一，个体感到通过一定程度的努力而达到一定成绩和效果的可能性，即“努力－绩效的联系”；第二，个体对于达到一定绩效后可获得的结果或奖赏是否理想，即“绩效－奖励的联系”；第三，个体所获得的奖赏或潜在的结果对个体的重要程度，或者说与个人的目标和需要是否相关，即“奖励－个人目标的联系”。这一理论可用公式表示为：$M=\sum V\times E$。其中 M 代表激励力，是指直接推动或使人们采取某一行动的内驱力；V 代表效价，是指个人对某一行动成果的价值评价，它反映个人对某一成果或奖酬的重视与渴望程度；E 代表期望值，是指个人对某一行为导致特定成果的可能性或概率的估计与判断。这一公式表明某一活动对个体的激励力度，取决于该活动的结果给此人带来的价值以及实现这一结果的可能性，只有当 V（效价）和 E（期望值）均为最大值时，M（激励力）才是最大值。因此，目标价值越大，实现目标的概率越高，激发的动机就越强烈。因此，期望理论实际上也是一种特殊的激励理论。

2. 期望理论在高校学生管理的应用意义

管理心理学的期望理论主要是针对企业的组织管理工作，但是对于高校学生管理的工作也是适用的，对于调动高校学生的积极性和能动性，使之以最大的热情和最饱满的精神投入工作和学习，有重要的作用。但是，由于传统的学生管理工作习惯于硬性的“刚性”管理，习惯于“填、卡、压”的工作方式，因此难以摆脱方法上“公式化”和简单化的弊病，于是在解决实际问题时效果不佳。在新形势下将现代管理科学理论和方法引入高校学生管理工作，是形势发展的必然要求。期望理论着重强调人性化教育和柔性管理，注重个性和情感因素的充分发挥。这一理论的借鉴和应用恰好弥补了传统学生管理工作方法上的不足，成为高校学生管理工作顺利开展的新型有效手段。具体说，就是将期望理论的有关方法，通过恰当的手段运用到教育管理过程中，科学地把握学生思想、心理和行为发展变化的规律，努力提高学生管理工作的实效性。由于学生管理工作的疏导性原则和现代管理心理学的情感性要求相通，所以应用期望理论能够既丰富教育管理工作的理论体系，又拓宽学生管理工作的方法视野，增加被管理者的工作主动性。实践也表明：运用期望理论做学生管理工作，符合当代大学生的思想、心理和行为特点，尤其是在目前大学生的年龄普遍偏小、自我意识却不断增强的情况之下，这种理论的应用价值更加突显。

3. 期望理论在高校学生管理中的具体应用

（1）制定明确的奖励制度和措施

学生都渴望成功，期望得到他人的认同，并愿意为这种认同而努力。在实际的学生管理工作中，管理者应当制定明确的奖励制度和措施，将物质奖励和精神奖励有机结合起来，并针对不同年级、不同个性的学生实施不同的奖励办法，提高他们的学习积极性以及对自我的目标期望值；尤其要加强对后进学生的关注，善于发现他们身上的闪光点，及时予以表扬和奖励，将“成功教育”真正落到实处。对此，积极的暗示便是值得运用的一种好方法。实验表明，积极的暗示通过显意识进入潜意识，到达意识的深层部分，并能持续的存在，有时比直截了当的指示、命令起到更大的作用。“罗森塔尔效应”便是期望理论在学习中成功运用的经典案例。对于那些缺乏自信、性格内向自卑的学生，管理者应随时随地多给一些积极暗示和期望，在集体活动参与中多鼓励、多支持他们，帮助这些学生建立起自尊自信。著名成功学者希尔的研究表明，积极的、带有创新意识的暗示会让个体在自发心理中实现自己的目标。

（2）帮助学生确立合理的目标

管理者要做的是帮助那些缺乏动力的学生认识到学校的各项物质、精神奖励的重要性和各类规章制度的严肃性、必要性，尤其是对走上社会找到好工作的重要性；通过教育让他们明白每年高校毕业生众多，在校期间获得的各种表彰、奖项将是求职中脱颖而出的试金石、敲门砖；同时还要帮助调整学生的一些错误思想，例如，奖学金不如打工钱多、理论知识用处不大、非专业课知识用处不大等不正确的思想；积极引导他们设立自己的目标，找到自己的动力。管理者对于不同的学生，应有不同的期望值，对于学生设立的目标应该是被认为可以达到的，鼓励学生去完成自己能力范围内的事。否则，如果学生感到目标总是实现不了的话，反而会打消学生的学习积极性。

（3）努力创设良好的育人环境

优美的校园环境、丰富的学习资源、融洽的师生关系以及健康的心理状态，都将有利于管理工作顺利开展。总之，只有不断把新的科学理论和方法引入高校学生管理工作，变过去传统的“刚性”教育管理为“柔性”教育管理，才能开创新时期学生管理工作的新局面。

（二）激励理论在高校学生管理中的应用

我国高校辅导员管理形式随着社会的发展而变化，导致辅导员的不适应，而出现了工作上的怠倦，辅导员的工作热情降低；再加之新的课改对高校学生的综合素质要求提高，学生一时还不能适应。学生还是依照之前的学习方法进行学习，辅导员依旧采用传统的管理方法管理学生，导致高校的学生管理也出现了一些问题。所以采用新的理论机制，即激励理论，来改善辅导员的学生管理工作是非常必要的，从辅导员的角度来帮助提高学生学习的主动性、积极性以及创新性，进而提高学生的综合能力素质。

1. 激励理论的概念和运用原则

（1）激励理论的概念

激励理论属于心理学方面的内容，用心理学的知识理解就是一段激发的心理过程，通过这种持续对主体动机激发而产生的过程，反映了激励的主体和客体的相互作用和影响。而激励理论也可以分为这几大类：认知派激励理论、行为主义激励理论和综合型的激励理论。将激励理论引入到高校辅导员的学生管理工作中，就是通过这种激励的方式鼓励学生的学习主动性，不再局限于课本知识的学习，而是更加注重综合能力发展。激励理论主要包含了以下几方面：第一，诱导因素。

诱导因素就是对学生积极学习之后的奖励，这种奖励根据实际情况和经济资源等因素设计实际奖励形式。第二，行为导向制度，是指组织在行为方式、努力方向和价值观等方面对于成员的规定，要求在高校学生管理中，培养学生的全局观、集体观。

（2）激励理论的运用原则

激励理论运用的首要原则是设置合适的目标使其与人们的内心满足相结合。研究表明有目的性的行为比没有目的性的行为效率高，制定符合需要的目标才能提高人们的积极性，所以在辅导员的学生管理的激励方式中要有所针对、因人而异才能成效更高。例如，优秀的学生可以采取少物质刺激、多精神鼓励方式，而那些不主动学习的学生可以采取更多物质刺激的方式。激励理论应用的第二个原则就是要注意内在激励和外在激励的结合。外在激励是人们想要努力获取的外在目标，可能是好的成绩分数，也可能是人们的赞赏和认同。而内在激励则主要表现在精神上，让被激励者内心感觉被鼓励，涌起更多的成就感和荣誉感，主动提升学习热情，将这种内在和外在的激励结合在一起，能够更加有效地促进学生的健康发展，培养学习积极性。

2. 高校辅导员学生管理工作中激励理论的应用意义

学生教育管理工作运用激励理论能够帮助学生更好地和辅导员交流，使学生明白自己的问题所在。同时激励理论也能够帮助学生树立自信心，不断完善自我，因为学生管理工作本身就是需要辅导员进行“实践到理论再到实践”转换的动态变化过程。所以辅导员对学生的直接激励能够有效地使学生的道德素养得到提升，从而创造有理想、有道德的班级氛围。

3. 高校辅导员学生管理工作中激励理论的应用问题和改进

（1）应用问题

目前，在高校学生管理工作中激励理论的应用还不是特别广泛，仍然存在一些问题。首先就是一些高校辅导员还没有从之前的鞭策学生的管理模式中走出来，如在学生犯了错误时，依然采取呵斥、训责的方式教训学生，而不擅长运用激励理论，没有过多站在学生的立场上思考问题，以致学生信心被打击。其次则是目标设定的合理性，对于部分刚刚接触激励理论的辅导员来说，不懂得把握好尺寸，不知道设置何种程度的目标，导致目标定得过于高远，即使采用物质和精神共同奖励，都很难触发学生积极性，依然会觉得目标缥缈无法实现。若是目标定得过低，很容易就可实现，那么学生会认为没有挑战性，依然会对创新学习和综合素质能力提高存在倦怠，所以把握激励理论的应用中的目标设定尤为重要。

（2）需改进的内容

针对高校辅导员在学生管理工作中应用激励理论的问题进行改进，最主要的就是要将激励理论建立在一个平等的平台上，这样才能清楚透明地看到整个激励过程的实施，学生能够明白在这个激励平台上能获取什么奖励或好处。勒波夫博士曾经说过，人们对于受奖励的事情会做得更好，所以有利可图能够让每个人充满热情和主动性。所以学生更愿意为了好的结果去努力学习，培养个人技能，提高自己的能力素质。辅导员在实施激励理论的过程中不要有偏向念头，如喜爱优秀的学生，就给予其更多的奖励和更多发展机会，而对于表现不好的学生就不予理睬，这样会严重打击学生的积极性和主动性，从而使学生不会被辅导员的任何激励行为所鼓励。在学生管理工作中激励理论应用的另一个需注意的就是目标的设定，通过对学生的了解，结合学生自身情况，因人而异进行目标定制，这样合理的目标更加有利于学生学习积极性和老师的管理工作的积极性，使得辅导员的学生管理工作完美开展。比如，在学生能力考查方面不以学生学习成绩为考查的唯一指标，可以就每个人的综合素质考查，这样每个学生就可结合自己的自身优势来总体评价个人，能够更好地鼓励自己，提升自信心。

在高校学生管理中存在着一些容易被忽视的“盲点”问题，如对即将毕业学生的管理问题、对普通生群体的管理问题、对考试前学生的管理问题等。普通生介于优秀生和后进生之间，他们在数量上构成了一个橄榄状，其基数最大，这部分群体因为学习成绩、平时各类活动表现平平，且很少犯一些错误，往往被人们所忽视，通常也被称为“三不管地带”，即处于教师、家长、同学三大主体的无意识遗忘状态。根据有关研究发现，普通生群体的外在表现特征主要体现为：学习目标不明，进取心不强或进取心强但方法不当；个性特征模糊，团队精神薄弱；好幻想但不付诸实践；盲从心理强，突发事件概率高。这些特征的出现对于高校的学生管理工作是个极大的隐患，必须引起高度的重视。

第三章　高校学生管理工作新体系的构建

随着时代的不断发展，高校学生管理必须建立起新的、与之相适应的工作体系，本章从高校学生管理工作新体系构建的必要性和重要性、校学生管理工作新体系的构成、高校学生管理工作新体系构建的实践三方面对高校学生管理工作新体系的构建进行阐述。

第一节　高校学生管理工作新体系构建的必要性和重要性

一、构建大学生管理工作新体系的必要性

（一）是经济社会快速发展的必然要求

随着全球经济的发展，高校的招生规模也在不断扩大，这给学生的管理带来了新的挑战，从传统的管理模式转变为更加注重服务性的模式；大学生的就业方式正在从计划性的安排转向自主选择。传统的教育模式正在被弹性教育取代。为了帮助经济困难的学生，政府已经从以往的提供助学金和困难补助转向了提供助学贷款和勤工助学。随着这一系列变革，传统的学生管理理念和模式已经不再能够满足当今市场经济环境下高校发展的需求，这一问题日益突出。为了确保学生的有效管理和发展，新的学生管理理念和模式应运而生，高校面临着前所未有的机遇和挑战。

（二）是适应信息化时代发展的必然要求

随着信息技术的飞速发展，网络的普及为大学生的管理提供了一个全新的平台，极大地提升了工作效率，为学生管理者创造出了宝贵的机会。但是，网络也给大学生的管理带来了一些新的挑战。随着网络信息迅速、多样化和开放的发展，学生管理工作者在获取信息的方式、时间和数量上形成了一种新的竞争优势。但

由于网络的虚拟性和隐蔽性，它已经成为一个有害信息的温床，让大学生们难以辨别真伪，甚至会被骗取财物，而且一些大学生还会沉迷于虚拟世界，无法自拔，这给高校的学生管理带来了极大的挑战。

（三）是高等教育改革和发展的必然要求

在经济全球化的发展趋势下，学校对于学生的管理需求也在不断增加。高校学生管理必须跟上世界先进水平，采用全新的管理理念、体制和模式，以满足当今社会的需求。为了维护社会的公平正义，促进学生的健康成长，管理者必须努力培养良好的思想观念。新的教育体制的改革下，学生的管理方式也发生了巨大的变化。随着学分制的实施，学生管理不再局限于传统的学年制统一的管理模式，而是要求学生参与到各种选修课程中，以更好地发挥自身潜力，并且能够更好地服务于其他专业或学校的学生。学生管理不仅仅是教学和心理健康方面的工作，更重要的是建立一个完善的学习体系，让学生能够从单一的学习模式转向多样化的学习方式，从而获得更好的学习成果。

（四）是适应当代大学生个性特征的必然要求

当今的大学生可以在日常生活中更加敏锐地感知到新的变化，但也相对缺乏责任心；有很强的自我认同感，但是实际操作能力却相对薄弱；有很强的参与意识，但是辨别能力却相对薄弱；个人意识很强，但团队合作能力不足；具有独特的个性，但却缺乏适应能力。由于大学生的多样性，他们的行为模式和思维方式可能会对传统的教育模式构成巨大的挑战，因此，要想让教育活动取得成功，就必须采取积极的措施来应对这种变化。

（五）是解决高校学生管理工作现存问题的需要

高校学生管理工作现存的主要问题表现为以下三个方面。

1. 大学生管理工作理念落后

高校学生管理的目标是培养学生的独立思考和自主能力。近年来，高校学生管理者逐渐转变了传统的行政模式，以更加积极的态度来指导和引导学生，重视培养学生的独立思考能力和创新精神，并且注重培养他们的个性特点；将重点放在了制度对学生的限制和规范上，却忽略了培养他们的独立思考能力，以及让他们成为真正的个体。如果把学生看作一个独立的个体，那么在审视当前高校学生管理工作时，我们会发现学生不仅仅是“容器”，他们也可以主动参与到学习过程中，并且可以主动接受制度的规定。随着大学生身心发展的不断成熟，他们渴望独立，渴望被理解，但如果仅仅将其视为无生命的“物”，而忽略其自身的主动性，就会产生相反的效果。

2.大学生管理工作模式滞后

目前，大多数高校仍在使用传统的管理方法。随着新的形势的到来，高校学生管理的环境和对象发生了巨大的变化，原有的管理模式已经不能满足当下的需求，显得力不从心。当前的学校管理模式采用了按照班级划分的方式，并且能够满足学期的需求。学生的基层团队结构较为稳固，并且拥有明确的教育管理机构。随着学分制的普及，学生可以根据个人兴趣、能力、特长等因素，自由地选择专业、任课老师、上课时长以及修业年限，这样就大大减少了班级和年级的界限，使得班级成员之间的时空变得更加灵活、多样。由于班级的功能受到了削弱，整个团队的凝聚力也会显著降低。当前，基层组织缺乏有效的约束力和影响力，导致学生教育管理无法达到预期的目标，从而阻碍了学生管理工作的高效实施。

3.高校学生管理工作队伍薄弱

由于高等教育日益普及，学生人数急剧增长，而高校的基础设施却相对落后，导致许多必要的设施如教室、宿舍、实验室、食堂、图书馆和活动场地都难以满足需求。随着大众化的推进，高校学生管理面临着巨大的挑战，其中之一就是缺少优秀的辅导员。换句话说，这两个问题表现在：一是学生辅导员人手短缺；二是学生辅导员的素质存在较大的差异。要解决高校学生管理工作现存的问题，迫切需要构建大学生管理工作新体系。

二、构建大学生管理工作新体系的重要性

（一）有利于促进高校学生管理科学化理论的发展

理论是行动的先导。构建大学生管理工作新体系，不仅可以提升学生的教育质量，还可以深入研究并开拓出更加符合当今社会需求的、更具科学性的、更加完善的学生管理理论，从而推动高校学生管理的科学化。

（二）有利于高校学生管理走上制度化、规范化、现代化的轨道

建立一个全新的大学生管理体系，有助于深化学生管理体制的改革，建立完善的学生管理机构，明确各项管理职责，科学制定学生管理制度，加强各项管理活动的规范性建设，使学生管理的每一个环节都有明确的规范和指导；有利于降

低学生管理政策的指令性，增加其宏观调控性，突出管理理论的指导性，重视管理实践的差异性，避免管理行为的盲目性和随意性，使管理遵循规律，步入科学管理的轨道，推进学生管理的科学化实践进程。这样，就可以使高校学生管理走上制度化、规范化、现代化的轨道。

（三）有利于提高各层次管理者的素质

提高学生管理团队的能力和素养，是推动科学和现代化管理的重要因素。在大学生管理工作新体系构建的过程中，学生管理者应当积极拥抱科学，充分利用先进的科技手段，以提升学生管理的效率和质量。学生管理者必须学会应用科学的方法去分析问题、解决问题，不断地学习管理理论，了解并掌握学生管理的内在规律，并熟练使用现代化的管理工具，以摆脱传统的经验主义思维。

（四）有利于促进学生管理水平的提高

高校学生管理旨在加强内部管理体系，提升工作效率和效益，以及推动人才培养。通过建立科学的体系，学校和学生都能够按照规定的步骤进行活动，并且可以充分发挥他们的主观能动性，提高管理的效率和水平。

第二节　高校学生管理工作新体系的构成

一个全面的大学生管理体系应当包含思想体系、内容体系、组织运行体系、保障体系、考核评价体系五个方面，并且具有多层次、多阶段、多角度的结构设计。这个体系应该能够动态地运转。

一、大学生管理工作新体系的思想体系

（一）指导思想

以人民的利益为中心，努力实现全民共同繁荣，已成为现代社会推动经济发展的重要基础和力量。以人为本的思想贯穿于高等教育的管理和发展之中，它坚持马克思主义的基本哲学观点，强调对个体的尊重、关怀和支持，鼓励他们积极主动地参与到工作和学习中来，从而获得最佳的教学成果，促进个体的全面发展。这是一个重要的原则，用于指导大学生的管理。高校在开展具体工作时，应将大学生的健康成长、终身学习和全面发展作为核心，着眼于维护和保障他们的切身

利益，并将该方法纳入教育教学中，致力于培养他们成为一个有道德、有能力、有素质、有责任感、有担当、有创造精神、有能力适应现代化、有能力适应未来变化的社会主义建设者。

（二）适应新形势，融入新理念

1. 追求卓越的理念

追求卓越是一种优秀的组织文化，它的精神核心是“追求效率，以事业为本”，它将“以人为本”融入管理文化中，以此来促进学生的全面发展，从而实现对学习的有效指导。拥有不断超越自我的热情，才能够实现自己的梦想。

2. 民主与法制的理念

随着学生对平等参与涉及自身利益的活动的渴望日益强烈，高校必须加强学生管理中的民主性，以及更加注重人文关怀，以促进学生的健康成长和发展。现代大学生是一个具有独特思维和判断能力的社会群体，他们不容易被命令所左右，更不喜欢被行政命令所束缚，而是希望能够自主地探索和实现自己的目标。因此，人文教育应该被视为高校学生管理最重要的价值观。这种管理理念和方式，将学生置于核心地位，使管理工作不仅符合“为了学生，尊重学生，理解学生”的标准，还要达到“依赖学生，满足学生，发展学生”的要求，并努力建立一个平等、民主的人际关系环境。通过这种管理方式，学生能够在管理活动中参与选择、创造、管理和决策，并与其他人一起共同努力，以增强团队合作精神。这样，管理者和被管理者就能够心心相印，共同努力实现共同的目标。

依法治校的理念在学生管理制度中得到了充分体现，它旨在加快学生管理的法治化进程，将学生管理纳入法治化的轨道，尊重学生的人格和权利，以客观、公正、全面的方式对学生进行考核和评价，使学生管理更加有序、规范。首先，高校应该重视并确保遵守校园规章制度，以保障学生的合法权益，并尊重他们的自主选择。其次，为了更好地促进学生的发展，高校应该建立一个完善的利益表达机制，以便于学生和教师之间的有效沟通，并且可以保证他们的权利得到充分的保障。这样，不仅可以促进学生的发展，也可以提升教育的整体水平。最后，高校在学生管理工作中，必须严格遵守法律法规，确保权力的有效实施，以确保管理活动的有序进行，避免出现混乱、失误或不必要的情况，从而确保管理活动的公正、有效。

3. 社区工作的理念

社区工作是一种重要的社会服务形式，它旨在通过组织的领导和管理，利用社区资源，发挥社区的潜力，解决社区存在的问题，促进社区的政治、经济、文化、环境的和谐发展，提升社区成员的生活水平和生活质量。

社区工作的核心理念是，通过理论和实践来改善社会环境。这是一项精心策划的行动，具有重大意义；通过鼓励社区成员的自我帮助、互相支持和积极参与，可以实现这一目标；它的核心宗旨是通过整合社区内外的资源来解决当地的挑战；它的核心目标是建立社区的归属感，推动社区的融合，实现社会的变革。高校不仅拥有普通社区的共同特征，还独具匠心地打造出了自己的社区。在新的形势下，学生工作需要更加清晰地认识到高校社区工作的特点，并努力建立一个充满参与、互助、信任和成长的新环境。

4．“蓝海战略”的理念

2005年，W．钱·金和勒妮·莫博涅教授共同提出了“蓝海战略”，以此来探讨企业竞争的有效性和可行性。这一战略的提出为企业开辟了一条走向未来发展的道路。企业应该从供应侧转向需求侧，超越既定的竞争格局，对不同市场的买家价值进行筛选和重新排序，重塑市场和产业边界，挖掘出巨大的潜在需求，以此来打破“红海”——已知的竞争格局，开拓“蓝海”——新的市场空间。“蓝海战略”旨在为企业提供一种竞争策略，但它也为高校学生和工作人员提供了一种新的思考方式。近年来，由于高等教育体制的变革与进步，大学生的职业需求不断增加，学习与实践的结合也变得越来越紧密，这给学校带来了前所未有的机遇与挑战。

“蓝海战略”指出，随着消费者需求的持续上升以及行业内激烈的竞争，企业必须重新定义自身的市场范围，并为消费者提供更具价值、更加完善的服务。针对大学生不断增长的社会需求，高校应该积极探索新的服务模式，以“蓝海战略”的核心思想为指导，以全新的视角，将教育、管理、服务和发展融入大学生的评价体系、维权助困、心理健康、创业教育等各个环节，真正体现出对学生的关怀与支持，激发他们的潜能，推动他们的全面发展。

（三）大学生管理工作新体系设计的目标

大学生管理应该致力于为学生提供成长和全面发展的机会，并以学生为中心，实现工作价值目标；以学生的内在需求为基础，尊重、关怀、教育和引导每一位学生，努力满足他们成长发展的需求，以达到最佳的教育效果；通过指导，帮助学生建立合理的需求分类，并将其融入他们的发展规划中，以实现自身的潜能，并为学校的发展作出贡献。大学生管理的重点主要有以下四个方面。

1. 引导和规范学生的日常行为

学校采取科学有效的管理措施，设立严格的奖励机制，以促进学生在公共场所的文明行为，培养他们尊重他人、友善相处的品质，提升他们的文明素养；为了确保学生的财产安全和人身安全，应该加强对学生的安全教育，制定并严格执行相关的安全措施，增强他们的自我保护能力，规范他们在安全方面的行为，例如禁止在宿舍内使用大功率电器，禁止在条件不允许的地方进行娱乐活动；通过严格的社会政治活动准则，培养学生拥有正确、坚定的政治观念，以促进其发展和成长。

2. 营造良好的学习和生活条件

高校通过完善课堂纪律，严格控制学生的学习时间，确保课堂教学的有效性与质量。通过多种渠道的奖励机制和手段，给予学生及时、有效的激励，可以激发他们的积极性、主动性和创造性，从而充分发挥他们的潜能；采取多种措施，为学生提供充足的财政支持，以缓解他们的经济压力，并有效地帮助他们实现学业目标；通过运用团队管理的方法，能够制定有效的管理策略，从而减少学生的社会负担。

3. 培养和提升学生的法治意识

学校应当制定严格的规章制度，以有效地阻止和约束学生的不良行为，培养他们的法治意识，为他们成为一个合格的社会公民打下坚实的基础。

4. 提高学生的自我管理能力

高校需采取积极的措施，如指导、协调、监督，帮助学生达到相应的管理目标，并给予他们更多的发展空间，从而促进他们的全面发展。通过实际应用，建立一个具有科学性、合理性、适应学生需求的管理体系，并进行精心设计的管理培训，有助于激发学生主动参与管理的意识，最终提升他们的自治能力。

二、大学生管理工作新体系的内容体系

大学生管理的内容体系主要包括大学生日常思想政治管理、大学生日常行为管理和大学生日常事务管理三个部分。

（一）大学生日常思想政治管理

在大学里，思想政治教育是重中之重。这项教育旨在帮助学生培养正确的价值观、道德准则以及正确的政治方向，并通过合理的工作流程来实现。为此，学校的管理部门会采取适当的措施，如建立学生党团组织，并且按照规定的步骤来

实施。为了更好地发挥学生的潜力，高校会开展各种形式的培训活动，以及招募优秀的青年参与到党团组织活动中来。

（二）大学生日常行为管理

大学生日常行为管理旨在通过制定有效的规章制度，引导和调整学生个体和群体的行为，以确保教育活动能够有效地实施，并达到预期的教育目标。一般来说，高校会肯定并鼓励学生们遵守法律法规、做出正确的事情、勇于做好事，而对于那些不文明、不健康的行为，则会予以严厉的惩罚。

（三）大学生日常事务管理

大学生日常事务管理是一项重要的工作，它涉及学校内部和外部的各种活动，既包括学术方面的，也包括课堂外的。它负责管理大学生的学习、生活以及其他方面，包括评定和发放奖助学金、申请荣誉称号、办理入学或离校手续、参与学生社区建设、提供财政支持以及照顾特殊学生等。

大学生日常事务管理是专门化程度较高的专项工作，它在很大程度上体现出一所大学的办学理念和办学水平，尤其是随着我国高等教育改革的不断深入，高校招生规模不断扩大，收费制度、就业制度逐渐社会化、市场化，学生的主体地位进一步凸显，主体意识、权利意识进一步增强，个性化需求日益增多，各种新问题不断增加，给大学生日常事务管理提出了新的要求。

1. 处理过程的规范化

高校要认真贯彻国家相关高等教育法律法规，严格执行《普通高等学校学生管理规定》，按照“规范、科学、高效”的要求，努力提高学生事务的处理能力，及时、规范地处理各种学生事务；进一步建立健全学生突发事件的处理机制，切实做好学生安全与思想稳定工作；重视学生管理的过细工作，建立学生信息沟通和反馈机制，及时掌握学生的思想动态，对学生群体性思想情绪有预判并及时引导、转变。

2. 管理机构的专门化

为了提升管理水平，高校应该设立一个专门的大学生事务管理中心，并制定有效的工作流程，以便更好地满足学生的需求。

3. 管理者的专业化、专家化

高校应尽快建立起一支以职业型、专家型为主的学生事务管理工作队伍，确保大学生事务管理工作走上正确轨道。高校要像关心和培养教学和科研队伍那样注重学生管理者实际业务水平和学历层次的提高，加强学生工作者教育学、心理学和精神病学等方面的系统化、专业化培训；加强职业道德建设，使广大学生事务管理工作者不仅能够热爱学生工作，而且能够把学生工作当作自己终生的事业来做，走上职业化、专家化的道路。

三、大学生管理工作新体系的组织运行体系

大学生管理工作新体系的组织运行体系包含组织构建和运行机制两个部分。

（一）组织构建

组织构建要突出机构建设和队伍建设两个重点。

1. 学生工作机构是大学生管理工作必需的组织基础

近年来，学校和院系的学生工作机构已经采用了多种不同的组织形式，包括党委学生工作委员会、学生处、学生工作办公室等，以更好地满足学生的需求和发展。

不论采用何种机构模式，都必须确保思想政治教育的有效实施，并且达到一定的标准和要求。第一，应建立一套完善的组织结构，以便更好地落实院系的人才培养计划，并贯彻落实党政部门的重大决策；第二，为了突出学生工作的重要性，建议让党委副书记以及其他院系级领导来承担机构的管理和运营；第三，为了更好地服务于学生，需要建立一支由专业的职业工作者组成的团队，并且在一个相对稳定的环境中进行工作；第四，需要充分整合院系的内设机构，加强与教务、行政等部门的有效沟通；第五，还需要建立一套完善的管理机制，以确保各项工作的高效进行。

因此，在高等教育大众化阶段，实施层级管理，健全和完善校、院（系）两级管理，以院（系）为主体的管理体制，成为众多高校的必然选择。首先，成立以主管校领导为首的大学生管理工作领导小组，负责学生管理工作的决策和统筹部署；其次，设立学生工作部（学生处）作为学生工作的职能部门，负责牵头落实领导小组的各种决议、决定，协调教务、行政等部门对学生进行共同管理和指导、督促二级院系学生管理工作；最后，设立学生工作办公室（各二级院系），负责协调本部门各年级、班级学生事务管理，（通过辅导员）将学校的各种精神、政策和决议传达到学生中。

由此可见，大学生管理工作组织体系由管理者、教师（辅导员）、学生和各管理机构组成，包括党团组织、学生会、班委会、学生管理部门、学生申诉部门等。

2. 学生工作队伍的建设是大学生管理工作必需的组织保障

为了更好地管理大学生，需要一支经验丰富、能力出众的班主任、辅导员和负责任的学生导师团队。当前，最重要的挑战之一就是如何培养和发展一支优秀的辅导员团队。鉴于国内大学的特殊性，为了更好地满足学生的需求，国内大学仍然需要长期维护和发展辅导员制度。在全国范围内，由于历史的演变和学校的差异，辅导员队伍的建设状况目前存在巨大差异。从客观上看，辅导员队伍的建设水平直接影响着该单位学生的学习效果。如果辅导员能够充分发挥他们的作用，那么学校的学生工作效率也会更高。根据新时期的形势要求，我国规定高等学校每 200 名学生应配备一名专职辅导员，以满足当前的需求。这项规定既明确了辅导员的职责范围，又为他们的任职制定了严格的标准，为大学生的教育和培养提供了重要的参考和指引。

为了更好地培养优秀的学生，高校需要不断改进辅导员的工作，让他们更好地参与到培养学生的过程中来。从培养学生的全局视野出发，高校应将辅导员的职责与培养学生的职责同等看待；重新定义辅导员的角色，尤其是他们与班主任、教师和学校的合作，以便建立一个完善的工作流程，以确保每一个步骤都能够高效地完成；为了更好地服务于学生，应该加强对辅导员的专业培训，让他们的工作更加贴近实际，更加符合管理规范，更好地反映出当代学生的工作思想与方式；此外，还应该建立一套完善的辅导员考核机制，制定出更加有利的发展政策，让辅导员拥有更强的责任意识与自豪感。

（二）运行机制

1. 学生教育管理运行机制的建立

随着教育模式的变革，学分制教育模式的普及，以及高校后勤社会化改革的持续推进，学生公寓已经成为培养学生素质的关键场所，它们构建了一个由各个部分组成的完整的学习环境。鉴于当前的形势，建立一个融合教育、管理和服务的综合性体系，将有助于重塑学生基层组织的结构和功能。为了更好地服务于学生，建议高校设立大学生生活园区或社区学生工作委员会，并在其中设立党团组织，同时根据学区、学院的不同，配备合适的辅导员，以确保拥有安全、稳定、完善的组织结构以及充足的学生工作人员，以便有效地实施行政管理和思想教育，使生活园区成为学生思想教育的重要载体、日常管理的重要依托、社团活动的重要场所。通过改进大学生生活园区的教育功能，高校将建立一个由学校和院系共同管理，以学校为核心，以社区、基层组织为支撑的学生管理体系。

学生处按照学校制订的思想教育计划，组织各社区实施学生思想教育工作，与分团委、团总支等配合开展校园文化、心理健康教育、学风建设、道德建设等活动，与有关部门或学院配合开展思想品德实践教育和心理咨询。建立社区或学区或某一模块的区域管理模式有以下几个优点：

第一，有利于健全权利和义务的分工机制，以及有效的学生教育管理。采用模块化管理方式，有利于建立一个更加完善、更加独立的学生工作体系，从而有效地解决“多层皮”和“找不到抓手”等课堂教育管理中存在的问题。过去，学生的权利和责任被分配给不同的院系，由于这些院系承担着巨大的教育和科研职责，他们的领导往往无暇关注和照料学生的需求。采用模块化或社区化管理方式，学生工作系统的目标更加清晰，任务更加明确，责任更加明确，管理路径更加直接。通过精心组织和安排学生工作干部，能够更好地为学生的发展作出贡献，并且能够更有效地促进学校的教育和管理。

第二，通过建立健全规章制度，加强管理，重点提升服务质量，不断提升学生教育管理的水准和效率。为了更好地管理学生模块和社区，需要制定一套完善的、合理的、易于操作的制度。这些制度应该符合规范、系统和科学的要求，并且应该根据模块和社区的不同特征来收集、整理和修订。高校应向所有学生公开这些制度。由于模块或社区具有共同性的特点，因此可以统一规范、统一要求。

2. 实行班主任制和导师制相结合的引导机制

当代大学生的独立性和自主性日益凸显，高校的学生管理工作需要更加专业化的团队，以确保他们能够得到充分的关注与支持；并且实施科学的、合理的管理制度，以提供优质的教育与服务。采取这种措施可以显著提高学生的认知水平，并且能够更好地帮助他们进行学习，从而提高学习的效率。目前，在大学低年级仍然采用班主任负责制，班主任（或年级主任，或辅导员）将被指派负责学生管理，而助理班主任则将由学生党员干部担任；为了提升学生的学习成绩，在大学高年级引入了导师制度，由他们提供专业指导和科研支持，帮助学生实现就业梦想。每位导师都有责任指导 5～10 名学生，可以将他们组成一个小组，以便更好地帮助他们完成任务。

3. 构建畅通的沟通回应机制

在学生工作管理中，及时准确地反馈执行情况和结果信息至关重要，可以保证管理的有效性和可持续性。

在大学生管理中建立有效的沟通回应机制是依法治校条件下尊重和满足学生权利的需要，同时也为现代大学的决策提供了一种更加科学、更加民主的方式。

为了有效地解决实施过程中的矛盾，并促进双方的交流，高校必须建立一个完善的沟通与反馈机制。为了更好地改进学生信息管理，高校应该继续发挥传统形式中的标语、公告栏和校园广播的作用，并建立一个分级化的共享管理平台。此外，高校还应该探索校园移动通信的短信群发功能，并在校园内设立学生公用信息查询系统。高校还应该制作一个程序，公示重大事件，以加强学生工作和全校部门信息的一体化建设，并建立畅通的沟通回应机制。

四、大学生管理工作新体系的服务保障体系

服务保障体系突出心理辅导和突发事件预防两个重点。

（一）心理辅导

高校必须充分利用心理辅导的作用，更好地管理学生，不断提升学生的心理素质，培养他们健康的个性、良好的心理调节能力和适应社会的能力，以帮助他们实现健康、和谐的发展；重新构建和完善教育机构、学院和学生的“三位一体”的分层管理机制。学校成立了心理健康教育中心用于提高学生的心理健康水平。该中心主要负责开展心理健康普查和建立心理健康档案，并提供心理健康教育系列课程和心理咨询门诊服务，以及团体心理训练等。在全校设立院级心理辅导站，更好地帮助学生应对他们的心理挑战，以便更好地传递信息、促进交流，并加强教育的有效性。建立大学生心理卫生协会，提升学生的心理健康水平，加强对心理健康知识的宣传，让学生更好地了解心理健康，并培养自我管理和自我调节的能力，从而发挥学生的积极作用。“三位一体”的运行机制为教师、学生及其他相关人员提供了一个全新的视角，以更好地帮助他们在心理健康方面发挥作用，并且以多种方式、多种角度来应对学生可能遭受的挑战。高校通过完善心理辅导体系，不仅拓宽了工作受益范围，而且极大地提升了工作效率，建立起一套有效的心理危机预警机制，并且大幅提升了危机干预的能力。

（二）突发事件预防

为了有效地防止突发事件的发生，学校管理者应当着重考虑建立长期机制。处理安全稳定事件主要通过预防和处理两个方面来实现，其中预防的目的是防止事件发生，而处理则是要尽可能有效地控制和解决事件，以最大限度地减少其带来的影响和损失。在学习和工作中，学校管理者面对突发事件应该积极采取措施，而不是被动地接受。重点工作应当是建立一套长期稳定的安全机制，将其纳入规

范化的管理体系，实施预案管理，总结出可能发生的多发性事件的类型、处理原则以及相应的特殊需求，建立有效的组织架构和制度框架，明确工作规范，以确保安全和稳定的长期发展。现代高校学生管理的目标之一就是更好地服务于学生，确保他们能够健康、快乐地成长。

五、高校学生管理工作新体系的考核评价体系

高校学生管理工作评价是指对管理工作的效果作全面检验和鉴定。它是学生管理工作体系的重要组成部分和基本工作环节，其作用在于能够让学校和有关职能部门全面了解和掌握各院（系）学生管理工作的状况和水平，总结学生管理工作的经验，探索学生管理工作的内在规律，加强对院（系）学生工作的指导，使学生管理工作进一步向科学化、规范化、制度化发展，不断提高学生管理工作水平。

科学合理的考核评价体系应包括以下三个方面的内容。

（一）考核评价的指标体系

高校应根据学生管理的目标，制定一个完善的评估体系，以衡量学生管理的表现。这个评估体系通常包括日常活动、文明礼仪、住宿安排、学籍管理以及违规行为等一级指标。每个一级指标都可以进一步细化，并且可以通过设定多个观察点来更全面地评估学生管理工作的表现。

（二）考核评价的结果体系

通过考核评估，能够衡量出各个指标的实际表现，并将其划分为五个不同的等级：优、良、一般、较差和差。每个等级都有其特定的标准。

优：能圆满完成各项观测指标，各个观测点反馈的信息都能与预期计划相一致，特色工作明显。

良：能较好完成各项观测指标，各个观测点反馈的信息都能与预期计划大体上一致，特色不太明显。

一般：基本能完成一级观测指标，二级指标落实效果一般，各观测点反馈的信息都能与预期计划基本一致，无特色。

较差：一级指标、二级指标均只能完成小部分，各观测点反馈的信息都不能与预期计划相匹配。

差：各项指标均不能完成。

（三）考核评价的激励体系

激励不仅是为了激发和鼓励人们去追求利益，还包括约束和引导人们去实现目标。它涵盖了积极和消极两个层面，既有正向激励的作用，也有约束人们行为的目的。奖励和处罚是两种基础的激励手段。为了更有效地推进学生管理工作，不仅要对其进行客观的评估，还要采取有效的措施来鼓舞、激励、引导、支持、帮助学生管理机构、组织及其他参与者，从而有效地提升管理效率，达成预期的目标。

激励的种类通常包括薪酬激励、事业激励、机会激励和文化激励四种。薪酬激励是指通过金钱财富来满足人们的需要，从而达到激发内在动力的目的；事业激励是指通过提供更多的个人发展空间和机会来激励人们；机会激励是一种有效的激励机制，它可以通过提供有意义的工作机会，让人们在一定程度上获得满足，比如从事自己感兴趣的工作；文化激励是一种能够激发人们更高层次的心理满足感的机制，它通过文化的熏陶和渗透来实现这一目标。

第三节　高校学生管理工作新体系构建的实践

一、搭建学生自我管理平台

21 世纪是一个充满挑战的时代，要想在竞争中取得胜利，就必须拥有勇于探索、敢于创新、自主思考的能力。为了培养出拥有创造力、独立思考能力以及个性特征的人才，学生管理应该强调培养他们的主观能动性。引导学生参与到课堂管理之中，不仅可以激发他们的主观能动性，还可以帮助他们更好地行使自己的权利，并且可以让他们更好地实现自身的潜力，从而获得更大的成就感。

（一）以学生会、社团为主体的自我管理模式构建

高校通过将校学生会作为核心，并由学生干部作为支柱，建立一种多功能的自治机制，涵盖所有院系和部门。学生会是一个负责监督和指导学生的机构，其成员负责监督和指导学生的日常活动。为了更好地构建学生管理体系，高校应该增添一些新的职能，拓宽学生的视野，让他们能够更好地参与到日常的管理之中。学生会作为校级骨干社团，承担“旗舰”的作用，通过建立多层次、多门类的“航母”编队自我管理模式，实现自我管理。为了更好地推动学生社团发展，高校应

有目的、有计划地建设一批以理论学习为核心、科技创新、文化艺术和社会公益为主体的校级骨干社团，如“三个代表”重要思想研究会、青年志愿者协会、学生科技协会、学生艺术团、学生心理健康协会、自强社等，并以“旗舰”为基础，建立学院分会和年级分会，形成多元化的学生社团“航母”舰队，以更好地推动学生社团发展。通过社团活动，让每个学生都能够发挥自己的潜能，探索未知的世界，培养创新思维，增强人际交往能力，并获得自我激励。

（二）以学生社区为主体的自我管理模式构建

借助于学校大学生社区自治委员会的指导，建立起由宿舍、楼栋、住宅、社区、党团组织和志愿者组成的综合性的社区自治机制。为了更好地服务于学生，在每个寝室、每栋楼、每个社区设立一名寝室长、一名楼长和一名区长，并将其与公寓学生社区党支部紧密结合，成立一个专门针对公寓活动的特色服务队。通过不断改进，在公寓区内建立多种形式的文化、咨询、服务机构，为学生提供全方位的生活、心理、健康、教育等服务，同时将思想政治教育与帮助学生解决困惑相结合，实施以公寓为中心的自主管理活动。

（三）以党团组织为主体的自我管理模式构建

以学校、学院和社区为基础，通过党支部和团支部的支持，建立起三级管理体系，以班级、宿舍和网络为核心，实现有效的管理。通过重新构建个体、基层党组织和团支部的形象，并将它们整合在一起，使之更加贴近学生、实际和生活。通过党团组织的引领，学生党员以自身行为作为榜样，积极参与主题党日和团日活动，以此来培养学生正确的价值观、世界观和人生观。

（四）以网络虚拟社区为主体的自我管理模式构建

通过学校论坛、各院系网站和特色网站等多种平台，建立大学生自主管理的网络虚拟社区。通过利用论坛和其他网络媒体，学生可以自主开发、管理自己的思想政治课程，从而提高网络思想政治教育的针对性和有效性。为了更好地服务于大学生，高校可以建立心理咨询网站、理论学习网站和职业生涯规划网站，并成立网络文明协会和网络信息协会，制定《虚拟社区管理条例》，建立例会制度、培训制度和奖惩制度，以激发学生干部、协会成员和网管的积极性，发挥引领作用，培养大学生的创新能力和实践技能，提升大学生的参与意识。倡导文明网络道德，弘扬正能量，建立学生与学生、学生与教师、教师与学校、学校与社会之间的沟通纽带，发挥主体作用，完善自我管理机制，构建健康的网络环境。

二、搭建法治保障平台，构建和谐的育人环境

高校应该改变思想，培养法治理念和维权意识，实现以法治为核心的管理，并致力于尊重和保障学生的合法权益。

（一）大力加强大学生的法律意识教育

加强大学生的法律意识教育，能够让他们更加自觉地遵守校园规章制度，并且能够让学生管理工作者更加轻松地管理他们的日常行为，这样一来，就可以促使他们更加积极地参与到高校的依法办学中来，为毕业后融入社会作出积极的贡献，也为实现全面的法治化建设奠定坚实的基础。在大学里，学生管理人员应该努力学习和掌握法律知识，并加强对法治的认知，提升对法律的认同感；不论是在日常的教育、管理和服务中，还是在处理学生违纪问题时，都应该遵守法律，以培养出具有法治精神的人才，并努力提升处理法律问题的能力；还应该将教育、管理学生与维护学生的正当权益紧密结合起来，既要严格执行，又要尊重和平等地对待他们，并依法保护他们的合法权益。

（二）依法修订完善高校有关学生管理的规章制度

高校在制定学生管理规章制度时，应当牢固树立法治意识，坚持以宪法为根本准则，充分考虑到大学生的合法权益，确保他们享受宪法赋予的各项权利。通过修订完善现有的规章和条例，不仅可以延续过去的成功经验，维护学生的权利，还可以为未来的发展提供更加和谐的法治环境，以确保高校及其学生的合法权利得到充分的尊重，从而实现法治的最大化。除了国家的相关法律法规，校方还应该根据实际情况，制定更加具体的细则，以确保学校管理的合理性，同时也能够保护公民的基本权利。因此，高校必须严格遵守“有法必依”的原则，确保学生的权利得到充分保障，并且必须尽可能地提供更多的机会来实现他们的责任。为了确保规章制度的有效实施，高校应当遵循民主程序，充分吸纳各方代表参与讨论，并对规章制度进行一定阶段的试运行，以完善和修订，最终正式施行，并将其写入学生手册等文件中，以便全体学生能够获得有效的知识。

（三）规范学生违纪处理程序

在处理违纪学生时，高校既需要遵守法律，也需要按照正确的流程进行，以确保惩罚措施的执行符合法律的原则，并防止出现混乱、随意或偶发的情况。在处理之前，高校应该加强宣传，让学生了解相关的规章制度，让遵守法律的意识

深入人心。在做出处分决定之前，高校应当以口头或书面的方式向学生详细说明“指控”的相关事实，并且要求学生充分表达自己的观点、提出申辩和质疑。申辩的目的在于证明自身没有违反规定，或者有足够的证据表明可以减轻处罚的必要性；质疑意味着对引用的规则、原则以及所提供的证据的可靠性和有效性提出怀疑。不管是申辩还是质疑，高校都应该保存书面证据。学校应以书面形式出具处分决定文本，其中包含违纪事实、处分依据以及处分结果，并将其送达被处分学生，同时向其明确告知申诉权利及时效，并要求被处分学生签收以作为处分决定的有效证据。若未能及时传递和通报处理结果，那么这项处罚将被认定为无效。为了解决学生在接受处分之后的困境，高校可以建立一个由学校领导、教师和学生代表共同参与的申诉处理委员会，以便更好地解决他们的申诉。该委员会将为他们提供有效的帮助。学生申诉处理委员会将积极响应学生的申诉，在规定的时间内进行复议，并将处理结果及时通知受处分学生；如果学生想要改变原来的决定，必须向学校提出申请；如果学生对复议结果不满意，他们可以向学校的上级行政机关提出申诉。

三、搭建困难资助平台

“奖、贷、勤、补、减、免”是大学生经费管理中的重要内容。随着近年来贷款比例的增加，相当数量的家庭经济困难学生通过贷款解决了个人的学费和生活费问题，学校增设的勤工俭学岗位又帮助他们解决了生活费用的不足。近年来随着国家对教育投资的增加，学生奖学金提高比例的增速很快。国家对高校投入了大量的国家奖学金和助学金，加上部分学校有企业设立的社会奖学金和校内的奖学金，在校 40% 的学生可以通过自己的努力得到奖励，形成了对学生较大的资助和补充力量。大量学习优秀的学生得到了激励，贫困家庭学生得到了国家的资助，确保了不让每个学生因为家庭贫困而输在起跑线上。学生的参与意识、竞争意识、自强意识和求学意识都得到了加强。但是如何将有关经费科学、合理地奖励和资助到学生身上，最大限度地发挥其激励作用，体现了一个大学的管理思想和水平。

（一）完善贫困生助学体制

高校应采取有效措施致力于不断改进资助体系，以满足贫困生的实际需求，并为他们提供物质上的支持。解决贫困学生的心理问题需要建立在良好的基础上。为了更好地帮助贫困学生，高校应该不断改进“奖、贷、助、补、减、免、缓”

等帮扶政策，并在竞争机制的基础上扩大对贫困学生的奖学金支持范围，提高奖学金的数额；应该建立一个奖学金项目，鼓励学习优秀的贫困生，以激励他们不断努力，获得国家和地方政府提供的更多的资助；制定“爱心基金”，获得更多的社会支持，设立多种专项奖励基金，并建立定向培训机制。通过政府和学校的积极参与，以及鼓励社会团体和个人的慷慨捐赠，以帮助贫困学生完成学业；采取积极措施，如学分制和弹性学制，以减轻贫困学生的学习负担，让一些出色的学生早早完成他们的学业；动员社会各界的力量，为更多的学生提供勤工俭学的机会。

（二）加强思想政治教育，让贫困生树立正确的世界观、人生观和价值观

以培养未来的社会主义建设者为目标，高校还应该特别关注贫困大学生的思想政治素质。通过充分利用基层党组织、团组织、学生社团、辅导员、班主任、任课老师和学生干部等的力量，结合当前贫困生的思想实际，仔细研究他们的价值观、思维方式和心理特征，以及由此产生的不同行为表现；采取有效的措施，如专题讲座、个别谈话、座谈讨论、典型案例教育、演讲辩论赛、主题活动、班级社团活动和家访等，帮助和引导贫困生树立正确的世界观、人生观和价值观。高校可以通过培养学生的理想信念，提高他们的爱国主义、集体主义、社会主义意识，让他们在困难中坚定不移，追求更高的目标，并且拥有乐观的精神，勇于接受挑战；通过加强对艰苦奋斗的优秀传统的宣传和培养，鼓励学生正确地消费，弘扬勤俭节约的美德，坚决反对贪图享乐的行为；通过强化赏识教育，积极宣传逆境中成功的典范，激励贫困生，帮助他们建立自信心；通过加强责任感的培养，唤醒学生的积极性、勇气，增强为祖国服务的自豪感与决心；通过加强自我培养、提升素质，改变贫困生的思维定式，鼓励他们勇敢地踏上社会，积极参与勤工助学、实践、自主创业，充分发挥自身的智慧和技能，走上自给自足的发展之路；通过加强挫折教育，鼓励学生勇敢面对挑战，并培养他们的抗逆能力；通过帮助贫困生学会接纳自己，并以乐观的心态面对生活中的挑战，他们可以更好地应对现实。

四、搭建文化育人平台，建设和谐高雅的校园文化

大学的校园文化对于建设社会主义国家至关重要。强化校园文化建设对于促进高等教育的发展、提升学生的思想政治素养、全面提升学生的综合能力同样具

有至关重要的作用。随着文化多样性的日益增加，高校应当认可并尊重这种多样性，同时也要努力在不断变化的文化环境中寻求共鸣，以建立一个和谐、优雅的校园文化，从而更好地改善学生管理的环境。

（一）打造文化精品，创建校园名牌

第一，积极推进校园文化建设。高校应基于自身历史传统的宝贵资源，结合自身的发展战略和规划，努力营造一种科学、严谨、创新、具有时代特色和学校特色的良好校园氛围，以此来实现办学理念的最佳实践。为了更好地开展师德教育，高校应该制定完善的师德规范，严格执行师德管理，加强教师的思想品德和学术道德教育，宣传优秀的师德典范，积极建设“志存高远、爱国敬业，为人师表、教书育人，严谨笃学、与时俱进”的优良教风。为了促进大学生的学习和成长，高校应该制定完善的行为规范，并严格执行考试纪律。高校应该努力营造一个勤奋学习、诚实守信、敢于创新的良好学风。高校应通过加强校园文化的建设，让学生们更加热爱祖国，更加有决心地投身到中国特色社会主义伟大事业之中，激发他们的自豪感，培养他们不畏困难、敢于挑战的毅力，让他们拥有一种跟随时代发展、勇敢探索、敢于创新的精神。

第二，积极推进人文修养与科学精神的培养。高校应通过深入贯彻“大学生全面素质教育工程”，将人文素养和科学精神融入高等学校的教育体系，使其成为每一个学习者的必备素养。

（二）开展主题活动，鼓励科技创新

高校应精心策划、创新安排具有浓厚的社会氛围的校园文化活动，将德育、智育、体育、美育融入其中，让大学生参与其中，不仅能够使他们获得深刻的认知，更能够激发他们的热情，提高他们的道德修养，让他们的精神世界更加丰富多彩；通过在“五四”青年节、“七一”建党纪念日、“十一”国庆节、“一二·九”运动纪念日等重要节日，积极开展主题教育，弘扬爱国主义、集体主义、社会主义的精神，让大学生在积极的环境中，深入思考、理解、体会，提升个性，实现自身价值的最大化。高校应着重培养学生的创造性思维和实践能力，全面实施“大学生素质拓展计划”，办好大学生科技文化节、大学生“挑战杯”、大学生艺术节、大学生运动会，深入开展大学生社会实践活动；设立大学生科技创新奖励基金，选择有发展潜力和应用前景的项目进行立项，在资金支持、项目指导、成果评选等方面予以重点扶持。

（三）加强基础设施建设，提供坚实保障

重视校园文化氛围的建设是至关重要的。为了激励大学生热爱学校，高校应提倡他们牢记校训、学唱校歌、佩戴校徽、使用校标，通过确立校训、校歌、校徽和校标的内涵，来激励学生努力学习。高校可以通过邀请优秀的校友参与到校园文化的建设中，利用他们丰富的人生阅历、创业经验以及成功案例，鼓舞大学生勇于担当，为实现自身价值而努力奋斗。高校可以通过精心策划、细致安排，举办各种充满特色的教育活动，如开学典礼、毕业典礼、奖学金颁发仪式，以此来鼓舞他们不断进取、勇于探索、勇于创新。建设校园文化重要的是要加强校园文化设施的建设。高校应根据相关法律法规，精心打造教学场所和图书馆，完善教学设施，改善学习环境，以满足大学生的学习需求。为了更好地满足大学生的文艺、体育和科技活动需求，高校应该规划并建设一个完善的校园文化活动场所，为他们提供必要的活动设施和条件。通过加强校园媒体的建设，如校报、校刊、广播电视、网络、出版社和宣传橱窗，高校可以更好地发挥宣传舆论在校园文化建设中的重要作用。重视校园治安综合治理工作是高校的首要任务。为了确保学校内部的安全，高校应该加强责任制的建立，并积极采取措施来保护学生的合法权益和身心健康。同时，高校也应该及时处理可能影响学校和社会稳定的事件。为了保护学校周边的文化、娱乐和商业活动，高校应与公安、司法、文化和工商部门合作，开展专项整治工作，维护学校的正常教学、工作和生活秩序。

五、建设专业化、职业化、专家化的学生管理工作队伍

（一）完善辅导员队伍选聘机制

重点关注“高进、严管、精育、优出”四个重要步骤，并严格遵守选拔标准和流程。为了确保辅导员队伍的高质量，高校应严格控制质量，并从优秀的人才中选拔出具有德行、乐于奉献、勤奋创新、热爱大学生思想政治教育事业的人才。在选择辅导员时，高校应该遵循专业人士优先、兼任多职的原则。为了确保每个院（系）的每个年级都能拥有足够的专职辅导员，高校必须严格遵守 200 ：1 的比例，以确保这些人员的充足。

（二）加强辅导员队伍的培养机制

努力培养和发展辅导员的专业技能和素质。高校应采取“先培训、后上岗”的标准，并将岗前、日常以及核心岗位的培养有机地融为一体。辅导员的培训应

该采取综合性的方法，既包括日常培训，也包括专题培训；既有中长期的学习，也有短期的培训；既有学历教育，也有在职的培训，以便更好地满足不同的需求，并且能够提高培训的有效性。

（三）健全辅导员队伍管理制度

根据教育部《普通高等学校辅导员队伍建设规定》，辅导员的职责、目标和要求得到了进一步的明确，使他们的工作更加有序、更有方向。为了提高工作效率，高校应建立一个完善的管理评价机制。这个机制将评估员工的工作表现，并将其与职务聘任、津贴发放和各类评比挂钩。严格管理旨在通过严格的考核机制，实现对辅导员队伍的有效管理，以确保其能够适应市场的变化，并且能够在竞争激烈的环境中保持良好的发展势头。

第四章　高校校园文化建设概述

高校的校园文化建设涉及方方面面，本章分别从高校校园文化的内涵、我国高校校园文化的产生与发展、高校校园文化建设的作用与功能、高校校园文化建设的原则四个方面进行概述。

第一节　高校校园文化的内涵

一、校园文化的相关概念

（一）文化

1.“文化”的词源

“文”与“化”本来是分开使用的，“文”指代文字，而“化”则指代事物。根据相关词典的记载，“文”可以表达出20种不同的意思。《说文解字》强调：“文，错画也。象交文。”[①] 按照《殷周文字释丛》[②] 的作者朱芳圃的解释“文即文身之文”可知，“文”和“纹”是相互联系的。“纹身”的出现标志着文字的诞生，这种文字源于古代人类对于情感和思想的一种抽象表达。由于描绘出的轨迹具有“条理”的特征，因此“文”也具有重要的意义。“化”一词最初源于生物进化的过程。“化像人一正一倒之形”指出，它与母亲生育孩子的情形相吻合。《吕氏春秋》云：“（纣）剖孕妇而观其化；杀比干而视其心。”[③] 高诱注：“化，即培养。”在词义上，“生”和“育”可以互相解释。由于“化”的存在，“生”的意义也随之而来，因此“化生”这一术语得以流传。“化”一词源自“教化”“感化”，其中蕴含着丰

① 许慎．说文解字[M]．徐铉，校注．长沙：岳麓书社，2019．

② 朱芳圃．殷周文字释丛[M]．北京：中华书局，1962．

③ 吕不韦．吕氏春秋[M]．桂林：漓江出版社，2018．

富的文化内涵。古人发现“化”与“文”之间存在着某种联系，因此他们开始将它们结合起来使用。“观乎天文，以察时变；观乎人文，以化成天下。”① 这句话的意思是说：观察大自然的变化，可以洞察它的纹理、寒暑阴阳的变换，从而更好地理解四季的变化规律；通过探究人类社会的道德准则，为世界带来正义，实现繁荣昌盛的目标。根据“文化”的内容，“人文以化成”的内容被简化为一部分。

2．“文化”的界定

学者们对“文化”的界定一直颇具争议。克罗伯和克拉克洪在对“文化”进行深入研究后，惊讶地发现它拥有 160 多种不同的定义。

近代中国的学者，如梁启超、胡适、陈独秀等，都曾对“文化”做出了精确的界定。在过去几年中，许多中国的学者和专家都在致力于探索文化的真谛，并就此展开了不同的论述。有的说，文化是一种知识；有的说，文化是一种生活方式的综合体；有的说，文化是一种涵盖了文学、艺术、科学、哲学、道德和风尚等多个领域的精神内涵，它们对人类社会的发展起着重要的作用。《辞海》中说，文化，广义指人类在社会历史实践过程中所创造的物质财富和精神财富的总和；狭义指社会的意识形态，以及与之相适应的制度和组织机构。②

“文化”的概念在西方经历了多次演变，“culture”这个词源自拉丁文，它的本意是通过运动、锻炼和教育来提高人的智力。1871 年，英国文化学家爱德华·伯内特·泰勒在《原始文化》一书中首次将文化定义为“文化或文明，就其广泛的民族学意义来说，乃是包括知识、信仰、艺术、道德、法律、习俗和任何人作为一名社会成员而获得的种种能力、习性在内的一种复杂的整体”。③ 当今西方学术界已经广泛接受并引用了这一概念所定义的内容。

综上所述，文化是一个历史范畴，是一个由社会历史积累而成的不断变化的复杂有机系统，是实现人类自身价值的过程中产生的物质财富和精神财富。

（二）校园文化

校园文化作为人类社会文化的一种，是学校教育的伴生物，已有很久远的历史。校园所特有的学生构成、师生关系、学习内容和学习目的，以及学校生活特有的节奏、规制、环境、氛围等一系列独特的事物和现象，构成了校园文化的主要方面。最早提出“学校文化”这一概念的是美国学者沃勒，早在 1932 年，沃

---

① 任宪宝．周易[M]．长春：吉林文史出版社，2016．

② 陈至立．辞海：缩印本纪念版[M]．上海：上海辞书出版社，2021．

③ 泰勒．原始文化[M]．上海：上海文艺出版社，1992．

勒就在其《教育社会学》一书中使用了“学校文化”一词，并对其做出了定义。

我国将“校园文化”作为一个区域性文化概念首次提出，是在20世纪80年代。1986年4月，上海交通大学举行第12届学生代表大会时，参与学生会主席竞选的学生全力宣扬推进校园文化建设，这在上海大学生中引起了强烈的共鸣。在此之后，上海的几所高校相继举办了“文化艺术节”“校园文化建设月”等活动。这在当时引起了校内外的强烈反响。在此之后，全国范围内的高校校园文化实践探索全面展开，中小学校也广泛地开展校园文化建设的实践和探索。后来，我国教育界提出了素质教育概念，国内各高校更是把校园文化建设作为推进素质教育的一个重要组成部分，许多高等院校纷纷举办校园文化艺术节，以此丰富校园文化生活，提高学生艺术素养，形成健康向上的校园氛围，并以此推进社会主义精神文明建设。

综上所述，我们可以看出，最初的“校园文化”在一定意义上是与校园的“文化活动”等同的，并以校园精神为侧重点，以充分发挥校园文化的德育价值为着眼点。当时的校园文化活动不仅在各个高校之间引起了强烈的反响，而且引起了国内学术界的广泛关注和研究。

（三）高校校园文化

高校校园文化作为一种文化形态，包括物质和精神两个层面。它在物质层面上的文化特征，是现代高等院校中校园文化的物质基础，也是高校综合实力的一个重要标志。它在精神层面上的文化特征，则主要体现在高校的价值追求和办学理念上。这种追求和理念是建立在对教育本质、办学规律和时代特征深刻认识的基础之上的，能够正确地为高校指明进一步发展的方向。高校校园文化的这两个部分是相互联系、互为前提的，共同构成了一个完整的高校文化形态，但其中高校的精神文化起着统领全局的作用，处于更重要的位置。独特的精神文化是一所高校区别于另一所高校的重要标志。从这个角度出发，我们可以认为，所谓高校校园文化，就是指在高等学校发展过程中，以师生文化活动为主体，以校园精神为底蕴，以社会先进文化为主导，由高校全体成员共同创造的一切学校物质文明和精神文明的总和。

校园文化是社会文化系统中的一个子系统。相应地，高校校园文化自然也是社会文化系统的一个组成部分。一方面，高校校园文化不仅具有所有文化现象的共同属性，还具有自己独特的本质属性。另一方面，高校校园文化的形成与发展与整个社会文化的积淀、变迁是紧密相连的，体现了鲜明的时代性和社会性。作为人类文化宝库中极为重要的一个组成部分，高校校园文化是高等教育的背景条件，是教育教学过程中重要的教育资源和构成要素；同时，高校校园文化代表了人类社会在教育——培养人、造就人方面的物质成就和精神成就。从这个角度来说，高校校园文化是学校全体师生员工在一定价值观念基础上进行物质与精神创造的过程及其结果的总和。它的基本形态是教学、科研、生产、生活等各个领域的相互作用。它的运作方式以各种文化活动为主。价值观是校园文化的灵魂。高校校园的精神文化处于高校校园文化中最核心的地位，高校师生员工的价值取向一方面决定了高校校园文化的功能；另一方面还决定了高校校园文化的方向和性质。在高校校园文化中，承载价值观的物质形态主要是校园中以教学、科研、生产、生活等各个领域的相互作用为基础形成的各种文化活动形式及与之紧密相关的活动方式。

上述两种对高校校园文化概念的界定，虽然角度有所不同，但是这两种观点都强调高校校园文化的以下几个特点。

第一，高校的全体师生员工是高校校园文化的主体。全体师生员工这一特殊群体是高校校园文化产生和发展的基础，没有他们共同的实践将不存在高校校园文化。

第二，高校校园文化服务于高校各项职能的实现。人类创造、传承和改造文化，主要就是为了使文化能够促进社会的进步和人类自身的发展。高校校园文化与高校思想政治教育、德育以及科学研究都有着密切的联系，它们共同为建设中国特色社会主义服务，为培养德、智、体、美、劳各方面素质全面发展的合格建设者和可靠接班人这一社会主义教育的总体目标服务。

第三，高校校园文化植根于高校校园之中。这主要表现在：假如高校校园文化的发展离开了高校校园环境，也就失去了赖以生存和发展的根基、依靠；不仅如此，高校校园文化实际上也并不仅仅局限于高校校园之中，它还可以通过一定的渠道渗透到社会中的各个层面。

第四，高校校园文化是一个上位概念。广义的高校校园文化涵盖了高校全体师生员工为实现高校的各项职能而开展的各项活动，以及通过这些活动所创造出的所有物质产品和精神产品。

第五，高校校园文化是一个动态的系统。首先，它处于一个被不断创造的过程中。其次，它包含相互联系、相互作用的多个要素，是一个自身完备的有机整体，是一个具有一定结构和功能的系统。

第六，高校校园文化是一种亚文化。所谓亚文化，就是指从主流文化中衍生出来的新兴文化。作为一种亚文化，高校校园文化在一定程度上与社会主流文化的发展方向基本保持一致。可见，从某种意义上来说，高校校园文化代表了整个社会主流文化的前进方向。而之所以说高校校园文化是一种亚文化，还因为高校校园文化与其他亚文化（如家庭文化、社区文化、企业文化等）之间有着密切的互动关系。

二、学校文化与校园文化的区别

学校文化涵盖了许多方面，其中一个重要的方面就是校园文化。学院文化不仅涉及校园的建筑、景观、绿化等实用性的元素，还涉及学校的传统、宗旨、价值观、校风、学风、传统习俗、人际关系、社会舆论、心理氛围、法律法规等。此外，学校文化还涉及学生们在日常生活中形成的一些不受明确规定约束的行为准则。高校文化是一种深植于师生心中的信仰、价值观念和行为准则，它不仅是一所大学发展的基础，也是一种精神财富，是一种无形财富，是一种不可或缺的精神支柱，是一种不可替代的精神财富。为了促进社会主义文化的发展和提升人们的文明意识，学校文化扮演着至关重要的角色。

学校文化由师生员工等共同构建，他们各司其职。学校文化主要体现在高层管理、教师与学生的互动上。领导者的思想观念、教育理念、教育计划以及教育实践都会给师生带来深远的影响，对学校文化建设具有指导性、引领性的作用。教师教育永远是基础，是关键。学校文化像“润物细无声”的春雨，影响着学生的思维方式、行为习惯、价值观念，激发着学生的学习热情和创造力。学校文化的形成，从校园的风气、教师的态度、学生的学习态度、班级的氛围，到宿舍的环境，特别是学术传统，都是几代人默默耕耘创造出来的，并且一直延续下去。

校园文化是一种以学生为核心，以校园环境为基础，以培养学生的素养为目标，融合实践、思想、制度和行为文化的一种多元文化，其中最重要的特点就是校园精神和校园文明。它主要包括青少年的文化理念、思考模式、行动习惯和处事方法。校园文化是以学生为主体营造的人文环境和文化氛围、人际关系、生活方式。校园文化是常新的，受学校文化的指导和社会文化的影响，也受学生自我现代意识的驱动，充满活力和创造力。它可以激发青少年学生的热情，并鼓励他们追求自己的理想和独立性。

新时代，我们的所有教育、科研和社会活动，都必须围绕着促进学生身心健康发展的目标来进行。学校致力于通过各种方式来培养“和谐的人”，这些方式旨在帮助学生成长。

三、高校校园文化的主要特征

（一）封闭性与开放性的统一

高校校园文化不同于人类社会的其他文化，它拥有自身独有的特征。从时间层面而言，高校校园文化自高校产生之日起，其所形成的一些文化特质以及独有的文化精髓等，就被后人所传承下来；从空间层面而言，高校校园文化是以“校园”为其空间范围的，并以学校成员为其群体基础；从心理层面上讲，高校校园文化在自我认同的基础上具有强烈的群体性和排他性。由此，我们也不难看出，这三个层面突出了高校校园文化的封闭性特征。

从根本上来说，高校校园文化始终与外部的世界以及社会的其他文化等保持着信息、物质和能量等方面的交流。高校校园文化是一种社会亚文化，它无法完全摆脱其他社会文化而单独存在。因此，高校校园文化也带有明显的开放性特点。正是由于具备了这种开放性，高校校园文化才能够不断汲取社会的主流文化和其他亚文化的营养和精华，进而更好地促进社会文化的发展。

（二）批判性、创新性和保守性

高校校园文化具有文化选择的作用。也就是说，高校校园文化可以根据一定的标准，剔除文化内容中的一些糟粕。该过程一方面保证了高校校园文化传播方向的正确性，同时也能够对高校校园文化的传播内容起到一定的净化、筛选、过滤等作用。而高校校园文化的生产作用，即由高校校园文化孕育出新的思想、新的观念及新的物质文化形态，对高校校园文化的生存和发展都具有至关重要的作用。与其他一些亚文化相比，高校校园文化几乎很少受到功利性的束缚，所以拥有一些对人文社会的关爱。从高校校园文化的价值观与行为规范方面来说，其根本任务就在于批判与创新。而这也就使得高校校园文化的主体有可能、有条件去涉足前人留下的思想“空白区”，认真思考和探索当代人们的思想“特区”，提出新的具有特色的观点，并形成新的思想。从人类社会发展的角度来看，高校校园文化往往会为各种新的文化思潮、意识的产生与发展营造一种良好的氛围。确实如此，很多旧的观念很容易在高校校园主体的批判中更新，很多新的观念、新的思想也非常容易在高校校园中产生。这充分显示着高校校园文化的批判性和创新性。

高校校园文化还具有保守性的鲜明特征。这主要表现在它对其他文化的部分排斥上。在高校校园文化的发展过程中，绝大多数教师和学生都会自觉对各种腐朽、没落的劣性文化进行抵制和批判，将高校校园文化与腐朽落后的文化分割开来。高校校园文化的保守性反映了校园人与其他人群在认识方面的差别。不过，随着学校职能的拓展和大众传媒、网络技术的发展，以及社会环境开放性的日益加强，高校校园文化主体受到很多新思想的影响，也开始慢慢更新自己的思想。这就使得现代的高校校园文化只在校风、校园精神等文化核心特质方面表现出了一定的保守性。当然，这种保守性也随着时代的发展在不断地弱化。

（三）多元性

随着全球化进程的不断推进，世界不同国家和民族之间的距离越来越小，而高校校园文化在日益开放的大环境下变得越来越多元。如今，高校校园已成了外来文化最主要的集散地。国外的许多新的理论思想大多是先进入高校，然后再通过高校的辐射功能和人才的流动注入社会。

高校之所以能够形成多元的校园文化，主要有这几个方面的原因：一是高校具有日益频繁的学术交流和相对宽松的工作环境；二是高校具备接收外来文化的良好条件，而且也具备融合、接受外来文化的能力；三是高校具有高智商群体，有能力完成接收、转化和融合外来文化的任务；四是校园文化的多元性是有一定的历史基础的，我国早期的高校中，有许多经历了半殖民地半封建社会，有的被西方列强控制、管理过，或由其创办，因而留下了西方文化的印记。

（四）载体的多样性

高校校园文化中包含的理念、精神风貌和价值取向等，一般都是借助一定的载体而存在的，这些载体往往是多样的。例如，体现高校校园风格的各式建筑和人文雕塑等；蕴含高校师生思想、情感的花草树木和亭台轩榭等；反映高校教育思想、治学态度的各种教学设施，规范、约束高校师生员工的一系列规章制度和行为准则等。通过这些形式多样的具体的载体，高校校园文化才得以生存和体现。

客观来说，高校校园文化内容的多样性和高校校园文化形式的丰富性，决定了高校校园文化的载体具有多样性特征。由于高校校园文化涉及师生员工学习、生活和工作的方方面面，而且高校校园环境也包含了许多小的层次，校园文化活动更是异彩纷呈，这些都决定了高校校园文化不可能仅由单一的某种形式在某个载体上完全地表现出来，而只能由诸多载体从各个方面分别表现之后汇聚形成。

（五）高雅性

事实证明，高校校园文化确实反映了高校全体师生的思维方式、价值取向和行为规范。由于高校教师和高校大学生普遍具有较高的文化层次，具有较好的人文修养，因而他们的品位相对要高一些，这就使得高校校园文化具有高雅性的特征，主要体现在以下几个方面。

第一，高校师生普遍具有丰富的知识，因而能够更加积极主动地对高校校园文化进行改进和创新。从这个角度来看，校园文化在价值取向上的格调会比一般社会文化更加高雅。

第二，高校校园是知识聚集的场所，具有丰富知识的高校师生可以运用自己丰富的知识更准确地去取舍和鉴别高校校园文化。

第三，高校校园可以说是人才汇聚的一个场所。在校的师生为了能够切实提高自身的文化修养，普遍追求一种十分积极的价值取向。于是，在这种高校校园文化氛围中，正确向上的价值取向得到弘扬，而消极庸俗的思想和价值观普遍遭到批判，使学术性的精英文化牢牢占据着主导地位，校园文化的高雅性也得以维持。

第二节　我国高校校园文化的产生与发展

一、近代高校校园文化的形成发展

（一）旧民主主义革命时期大学校园文化的初步形成

1862 年到 1911 年间，晚清政府陆续创办的一批中国近代大学堂、高等学堂，虽然并没有形成完全意义上的近代高等教育，却为高等学校校园文化的形成创造了校园生活实体，奠定了物质和精神基础。

早在洋务运动时期，黄遵宪、郭嵩焘、李善兰、李凤苞等官员和学者就对英、德、日等国的高等教育进行了直观感性的介绍。1867 年，潘克先在《中西书院文艺兼肄论》中介绍了大学院所设学科门类以及各种专科学院，提出了学习西方改革书院教育方式，使中西之学“兼综条贯，各尽所长”[①] 的建议。

中日甲午战争后，中华民族面临着前所未有的危机，康有为、王国维等许多学者对中国传统书院教育和洋务学堂等新式专门教育机构进行了深刻的反思和批

① 陈谷嘉，邓洪波. 中国书院史资料 下册[M]. 杭州：浙江教育出版社，1998.

评，并进一步对中国高等学校的建设提出了自己的设想。康有为认为，大学教育是“于育德强体之后，专以开智为主，人人各从其志，各认专门之学以就专科之师”① 的教育阶段。

1．腐朽与进步并存的清末校园文化形态

清朝末年的高等学校校园文化在很大程度上受到封建科举制度的影响，陈腐的封建礼仪形式和浓厚的封建等级地位观念在学校文化中的表现相当突出。在这一时期，京师同文馆主要招收八旗子弟，清政府规定其学生为七品官，享有馆餐和俸银。八旗学生还享有马甲钱粮等优厚待遇，但许多学生依然“各带家丁，以致混杂生事”，学风极为颓败。在学生管理上，虽有详明的规章制度，但学生违反规定的情况频频发生，在同文馆历年堂谕中，记载了大量的学生违规的相关内容。这一时期的校园文化为封建官场文化影响之深可见一斑。

清末所有新式学校都或多或少地受到了封建陈腐气息的影响，但在洋务运动和维新运动期间创办的一些高等学校，仍然可以感觉到近代大学文化的鲜明色彩。如盛宣怀在天津创办的北洋学堂以及在上海创办的南洋公学，“参用西制，兴学树人”，培养学生“博通兼综”“道与艺兼”，并聘任学术精深、勤勉尽责之士担任校长，尊重教师，实行“考教分离”和“导生制”，重视学生的体育锻炼和自我管理能力的培养，引进足球、网球、棒球等运动项目，形成了良好的校园文化氛围。这种教育方式极大地开阔了学生们的眼界，在很大程度上促进了资产阶级民主思想的传播，使许多学生走上了资产阶级民主革命的道路，其教学质量也得到社会普遍认可。福州船政学堂在教学上强调学习西方科学技术，注重实践锻炼，为近代科技教育积累了有益的经验。另外，福州船政学堂在招生方面采取不受身份限制自由报考的办法，打破了清朝以出身限制入学和毕业的既有模式。

2．学生爱国运动促进清末校园文化转型

清朝末期，各帝国主义国家纷纷加紧对中国的侵略和瓜分步伐，中国边疆地区的危机空前严重。1901 年以后，随着教育制度的改革，形成了一个以新式学堂毕业生和留学生为主体的新式知识分子群体。留日学生培育了一批具有近代教育思想和方法的教师，推进了改造中国传统封建文化的进程，他们办刊物、译名著，将自己在留学期间学习到的新知识、新思想移植和注入国内空虚的知识界，促进了中国知识分子的觉醒。1903 年 4 月，中国留日学生发起举行拒俄运动，引发了各地学堂学生的爱国运动，开创了中国近代学生爱国运动的先河，有力地冲击了

① 舒新城．中国近代教育史资料 下[M]．北京：人民教育出版社，1981．

腐朽的清朝政权。在这段时期，此起彼伏的学生爱国运动不断地改造着大学校园文化，“救国救民、以天下为己任、学以致用”成为学生追求的理想，学生社团、学会等组织成为校园文化活动的组织形式，学生集会、演讲、创办刊物等活动成为校园文化活动的重要方式，校园文化从精神层面到组织方式都得到了长足的丰富和发展。

（二）新民主主义革命时期高校校园文化建设的发展历程

1919 年的五四运动后，以新型知识分子和民族资产阶级为主体的新型社会力量，对新型高等教育制度的形成产生了重要的推动作用。大学管理中较好地体现了专家学者的价值，大学成为聚集社会学术精英的重要场所，涌现出了一批著名的学术名家。国民政府为了实施“三民主义”教育目标，加强了对高等教育的统一规划和调整。这一时期的高校校园文化紧扣着国家命脉，不断地突破与创新，得到了快速的发展。

1. 高等教育制度的定型与发展

1929 年，国民政府颁布了《大学规程》和《大学组织法》，由此确立了教育部对全国高等教育的规划权和组织权。《大学组织法》明确了大学内部管理制度，规定大学或独立学院设校长或院长，总理校务、院务；国立学校的校长、院长由教育部聘任，省立、市立学校由省政府商请教育部聘任。校长、院长除担任本校教科外，均不得兼任其他职务。在各大学设校务会议，会议由选举产生的教授代表和校长、各学院院长、各学系主任组成，其主要职责是：审议预算；审议学院学系的设立和废止；审议课程设置和学生试验事项；审议大学内部各种规则；审议校长教育的事项。校务会议下设各种专门委员会。1939 年，国民政府教育部发布《教育部颁发大学行政组织补充要点》（以下简称《要点》），该《要点》对大学行政组织的相关事项作了详细的规定，规定大学须设校长室、总务处、教务处、训导处和会计室，并组建相应的总务会议、教务会议和训导会议，以校长负责、专家治校的原则推进学校内部各项事业的运行。大学各学院院长由校长负责进行聘任，各系主任则由院长商请校长聘任。学院设有院务会议，由院长、系主任和事务主任共同组成，并且由院长担任主席。该会议将讨论并制定有关学术、设备的规章制度。每个系都有一个教务会议，由专家、助理和讲师组成，系主任担任主持人，讨论有关学生的学习、研究、资源等方面的问题。

1935 年，国民政府颁布了《学位授予法》和《学位分级细则》，将我国学位分为学士、硕士、博士三个级别，同时对学位授予的程序和要求作了明确的规定；

1939 年，又将大学研究机构一律改为研究所，大学里各系内的教师同时为研究所研究人员。《大学组织法》规定，大学教员由教授、副教授、讲师、助教共同组成；1940 年，教育部发布了《大学及独立学院教员聘任待遇暂行规程》，并且制定了《大学及独立学院教员资格审查暂行规程》，以确保教师的职位等级、资质、审核程序、薪酬待遇以及晋升机会等方面都得到了明确的规范。《大学规程》和《专科学校规程》对专科以上学校开办费、每年经常费用，以及校地、校舍、实验室、实习室、图书馆、运动场以及图书、仪器、标本、模型等设备作了相关规定，以维持学校的基本运行，并保证办学质量。

2. 中国高校独特精神品格的形成

民国时期，由于中国特殊的发展现实与国情，中国高校的领导者和学者对西方高等教育思想采取了折中的办法。中国高校在学习和借鉴西方高校办学模式的过程中，逐渐地形成了中国高校更加注重社会责任的独特精神品格。

在中华民族命运转折的关键时刻，北京大学起到了塑造国民精神与引领文化发展的重要作用，形成了民主、科学、自由、进步的大学精神。也是在同一时期，清华大学培育出了“厚德载物，自强不息，行胜于言，爱国奉献”的清华精神。梅贻琦任清华大学校长期间，一针见血地指出：“凡一校精神所在，不仅仅在建筑设备方面之增加，而实在教授之得人。”① 梅贻琦的这个观点成为中国高等教育事业的宝贵精神财富。

这一时期大学的迅速发展，与这一时代杰出的大学校长群体是分不开的。这一群体的学识水平、工作作风、人格魅力以及他们的办学理念和精神追求深深地镌刻在中国大学发展的历史中，很值得我们的珍惜和借鉴。

3. 高校校园文化活动的兴起

由于受到新文化运动的影响，中国大学校园文化有了较大的改变，兴起了丰富多彩的学生社团活动，出现了平民教育、社会服务等形式的社会实践活动，形成了以爱国运动为标志的爱国主义新气象。

第一，大学校园社团、学会活动兴起。五四时期不同思潮的交流、激荡与碰撞击日盛，形成了许多不同的思想派别，学生自己创建社团和刊物。当时大学社团的类别主要有学术类、文学艺术类、军事体育类、政治类和社会活动类。其中，一些政治类社团对培养大学生的政治意识与社会组织能力产生了积极影响，有些对中国社会政治发展也产生了深远影响。

① 梅贻琦．梅贻琦谈教育[M]．沈阳：辽宁人民出版社，2015．

第二，大学校园出版活动活跃。民国时期是大学出版活动兴起的时代，许多大学创办校刊、校报，以加强学校师生的学术与思想交流，很多学者创办了学术刊物，以宣传自己的学术主张，很多社团、学会也有自己的刊物。这些报刊成为繁荣大学文化、激活大学师生思想的重要阵地，有些报刊成为中国近现代历史文化的重要见证。

第三，学生爱国运动此起彼伏。“五四运动”中的学生爱国运动成为中国政治生活中的重要现象，极大地促进了社会变革。大学生爱国民主运动突出代表了学生运动的方向。在这一时期，大学师生在国家利益与民族大义面前，勇敢地参与推动社会变革的革命行动，充分反映了高等院校校园精神文化的巨大变化，也反映了“五四运动”对当时大学生的深刻影响。

二、中华人民共和国成立后高校校园文化的发展历程

自从我国实施改革开放政策以来，国家呼吁“尊重知识、尊重人才”，中国青年读书成才的热情空前高涨，他们对科学知识的追求更加强烈，这也激发了大学生求知的欲望。大学生积极参与社会变革，积极投身经济社会发展，他们深知自身的责任，并且充满着担当精神。随着社会文化的不断发展和进步，大学生们对于接触社会的热情和追求成功的渴望也日益增强。“发愤读书、立志成才、实现自我”“团结起来、振兴中华”“从我做起，从现在做起”是当时大学生中最流行的口号。勤工助学、社会实践、社团文化、西方思潮热等校园热点纷呈，高校出现了演讲会、辩论会、书画展、集邮比赛、摄影比赛等校园文化活动形式。学生如饥似渴地投入读书求知、立志成才的潮流之中，他们的视野涵盖了人类知识的大多数领域。“求知热”“成才热”在当时的大学校园中兴起。从此，我国高校校园文化也开始蓬勃发展起来。

（一）改革开放推进高校校园文化建设

自十一届三中全会以来，中央政府一直在推动高校的发展，通过多次政策部署，促进了高校的自主办学。这些举措包括调整招生、考核和毕业分配政策，旨在提高高校的教育质量。从而有效地激发了我国各高校努力提高自身办学水平、建设优秀校园文化的积极主动性。

20 世纪 80 年代，越来越多的高校教职工意识到了校园文化对于学生的全面成长的重要作用，校园文化由自发的文化现象逐渐向自觉的文化现象过渡。校园文化热点纷呈，大学生参与热情日益高涨。

（二）高校体制改革推进高校校园文化建设

20世纪90年代，我国高等教育事业进入了稳步发展与不断深化改革的关键时期。1990年，中国教育学会、中国高等教育学会、中国群众文化学会和团中央宣传部联合举办了第一届全国性的校园文化学术会议，以深入探索和推动校园文化的发展。本次会议就高校校园文化的概念、特点、功能、规律、发展趋势以及构建策略等问题，进行了全面的研究、分析与探讨，从而使得此次会议在相当大程度上促进了人们对高校校园文化的深刻认识。1994年，中央提出，在建设校园文化的过程中，必须以社会主义文化和优秀民族文化为主体。1998年，为了推进我国高等院校素质教育工作的开展，教育部颁发了《关于加强大学生文化素质教育的若干意见》，在全国范围内建立了一批大学生素质教育基地。20世纪末，中共中央、国务院颁布《关于深化教育改革全面推进素质教育的决定》，强调“实施素质教育，就是全面贯彻党的教育方针”，要求“以提高国民素质为根本宗旨，以培养学生的创新能力和实践能力为重点”①，推进素质教育。

为了更好地推进素质教育，许多中国的高等学府都加强了对校园文化的指导与管理。这些学府通过精心组织、制定并指导校园文化，使得学生们能够更好地掌握自己的文化方向，从而更好地实现学生的成长目标。许多专家学者对素质教育的内涵及方法等进行了大量的研究探索，从而确立了素质教育作为一种新的教育思想和观念的基本内涵，以知识、能力、素质协调发展的人才观贯穿高校人才培养的全过程。高校校园文化活动以素质教育为核心，具有四个显著特征：

一是改善校园文化氛围，加强了校园人文环境建设。高校越来越重视校园文化的建设，努力打造一个良好的氛围，让学生在这里培养自己的道德品质、提升情操、锻炼意志。校园文化环境的建设应当以人文景观、教学实验室、清新的绿色空间、严格的行为准则、精心制定的校训与校歌、丰富多彩的图书资料和开放的学生活动场所为重点，以此来营造良好的校园氛围。许多高校都在努力推动政府采取措施来改善校园周围的环境，以增强学生的社会文化素养，并通过内部和外部的协调，为学生创造一个优质的学习氛围。

二是专业教育始终贯穿着素质教育的观念与方法。国内高校普遍努力发掘专业课程中蕴藏的科学精神和人文精神，充分发挥专业课对人才文化素养的潜移默化作用；同时，还有意识地把文化素质教育渗透到专业课知识的教学中，提高专业课教学质量；关注大学生的文化素质、业务素质、思想道德素质和身体心理素

① 文韬．中国素质教育报告 1994—2009 2[R]．长春：吉林电子出版社，2009．

质的提高成为风靡全国高校的潮流，各种人文讲座成为高校校园的一道亮丽风景。

三是“两个课堂”紧密结合深化课程与教学改革。许多高校开始注重学生综合素质的培养，提出“宽厚基础、一专多能”的人才培养模式。高校普遍更加注重大学生人文和科学素质的养成与提高，更加注重以高雅和丰富的文化生活陶冶学生的情操，提升学生的文化品位。在第一课堂，许多高校针对学生的专业状况开设了文化素质教育相应的必修课与选修课；在第二课堂，有课外阅读、专题讲座、艺术欣赏、影视评论、名著导读、文艺会演、体育活动等丰富多彩的文化活动。大学生思想回归理性，开始重新审视个人才能与社会现实之间的关系。个人知识、能力方面的不足和就业等各种现实压力，促使大学生积极参与校园文化活动，积极主动地提高自身的综合素质。

四是开展多种形式的社会实践活动。许多高校对大学生社会实践活动进行积极支持和引导，高校学生的各种社区服务志愿者活动，利用假期开展的支教扫盲、社会调查、科技文化下乡、政策法律宣讲等社会实践活动，受到大学生的欢迎。实践证明，社会实践拓宽了大学生认识社会、了解国情民情的渠道，增强了大学生认识问题、分析问题和解决问题的能力，培养了大学生坚强的意志力、承受挫折的心理和乐观的人生态度。

（三）构建和谐校园，推进校园文化整体统筹发展

自进入 21 世纪以来，科学技术水平得以迅猛发展，信息技术日益发达，经济全球化进程加快，知识经济时代随之而来，世界各国之间的文化交流不断深入。在这样的时代背景下，高校对于个人成长、社会进步、国家发展和国际文化交流的影响更加明显。于是，高校校园文化建设开始转向从整体上提升各高校实力、突显各高校特色的重要工作。在当前阶段下，我国各大高校普遍把校园文化建设提升到发展大学文化系统、构建和谐校园的高度，大力推进校园文化建设工作，并取得了显著的成效。

1. 高校校园文化进入整体推进、全面创新发展的新阶段

2004 年，中共中央、国务院颁布了《关于进一步加强和改进大学生思想政治教育的意见》，以此来解决当前大学生的思想状况及其相关的问题，并将“以理想信念教育为核心，以爱国主义教育为重点，以基本道德规范为基础，以大学生全面发展为目标”[①] 的宗旨落到实处。

① 王彦民. 大学生思想政治工作理论与实践 [M]. 北京：经济日报出版社，2011.

2006年，在党的十六届六中全会上通过了《中共中央关于构建社会主义和谐社会若干重大问题的决定》。该文件中明确规定：建设和谐文化，是构建社会主义和谐社会的重要任务。

在一系列国家相关政策的引导下，许多高校把校园文化建设看作影响学校发展的重要议题之一，从而对其进行整体的布局与规划，并稳步向前推进。

2. 高校校园和谐文化建设的主要内容及其特征

近十多年来，围绕素质教育、和谐校园建设等时代主题而展开的高校校园文化建设工作，使得我国各大高校组织水平有了显著的提高。在这一时期内，我国高校校园文化呈现出以下几个基本特征。

第一，高校校园文化氛围蕴含着和谐文化的因子。受和谐文化的熏陶，高校校园环境变得更加以人为本、和谐共处，这不仅有助于激励师生员工在学术研究、实践活动、生活娱乐等方面发挥积极作用，而且也促进了民主平等、团结友爱的精神的形成。随着时代的发展，中国的高等教育事业已经从过去的大规模扩张、合并，提升到现在的规模化，以及不断追求更多的数量目标，走上了一条更加理性的发展道路。当今，和谐与理性的发展已经成为高校发展的核心目标。在高校校园里，我们秉承着理性批判的精神，学术自由、兼容并包的氛围越来越浓，特别是确立了师生共建共享、各要素统筹兼顾、尊重个性、支持创新的校园文化建设理念。在这种理念下，我国高校校园文化形成了师生民主平等、宽容和谐、勇于创新的特点。

第二，校园文化环境与文化载体建设取得实效。许多学校和政府机构为提升学生的文化氛围和丰富课外活动而不遗余力地进行资金投入。大学城、新校区的设计理念、环境美化方案和文化设施建设等方面都充分展现了学府特色，布局合理、设施完善、庄重典雅的校园建筑，因地制宜的活动空间与绿化美化，独具匠心的自然景观与人文景观，这些都为高校的文化环境提供了坚实的基础。学校的文化氛围正在不断增强。

第三，重视精神文化的发掘、提炼与弘扬。各高校普遍认识到，大学精神是大学人的精神，同时也是塑造大学人的精神，是高校在长期的教育实践中积淀的最富典型意义的精神特征。每所高校都有着自己独特的建校背景和发展历史，这些历史渊源为大学的发展提供了宝贵的精神支持。这些精神支持不仅体现了优良的传统，更体现了当今社会的进步思想，它们构成了一所大学的校园文化，不仅体现了大学的特色，更体现了大学的品质。为了弘扬学校优秀传统精神文化，各高校积极采取措施，包括整理发掘校史、宣传校内名人掌故、举办校庆纪念活动、宣讲校训、演唱校歌等，同时，结合学校所处地域的文化特色或本校优势学科发展特色，提炼和宣传具有时代内涵与个性特征的精神文化，以增进师生的文化认同，增强校内凝聚力，并向社会展示学校独特的文化品格。

第四，高校校园的制度和文化应该更加完善和健全。高校的正常运行离不开学校的规章制度、运行机制和师生的行为规范的保障。从具体的制度上升为制度文化，就包含了制度形成的文化环境、人们执行制度的习惯行为，以及对制度的认知态度等。进入 21 世纪后，国内各高校都十分重视建立一套符合本校实际、融入本校独特精神文化内涵的制度体系。在深入开展爱国主义教育活动中，各高校把体制机制创新作为重要任务，对学校规章制度进行了修订和补充完善，使高校内部各项事业都有了基本运行制度，各类人员都有明确的行为规范，建立了符合时代特征和高校发展规律的高校内部管理制度体系，促进了高校爱国主义教育活动的全面开展。师生依规章办事、遵守制度的意识不断提高，为高校的发展创建了很好的制度文化环境。

第三节　高校校园文化建设的作用与功能

一、高校校园文化对学校发展的推动作用

高校校园文化是高等教育发展的重要组成部分，对教育水平的提高、教育的改革和发展具有重要的促进意义。

（一）高校成长发展的精神积淀

国家有国家的文化，民族有民族的文化，企业有企业的文化，一个学校也要有它的校园文化。校园文化不仅表现在学校的校园环境、基本建设方面，更重要的是学校的人文环境。营造一个充满活力且积极进取的校园文化对于学校的长期发展至关重要。

高校校园文化是长期的办学实践所形成的历史沉淀物，它体现着高校的理念，也折射出高校对人的尊重与关爱，更是高校追求卓越的象征。这种文化既有利于培养优秀的学子，也有助于提升高校的社会责任感。所以，高校校园文化应是大学精神的最直观的体现。高校在实现其培养目标的过程中，不可忽视全面、系统、丰富的校园文化在其中起到的巨大作用。

营造卓越的学术氛围是大学发展的必由之路。校园文化是一种深植于人心的精神，它的形成并非一蹴而就，必须经过漫长的历史沉淀、传承与重塑，才能最终实现。从高校发展史来看，成功的大学都离不开其精神的传承，而校园文化则是这种精神传承的重要载体。在充满活力的校园文化环境中，学生可以从中获得心灵的滋养、情感的洗礼、智慧的指引，从而达到统一思想、团结一致、调节情绪、激发精神的目的。为了更好地促进学校的发展，高校需要认真考虑如何培养具有独特个性且能够适应当下时代发展的校园文化。这是高校必须非常重视的。

大学精神是一种深植于高校悠久历史的文化遗产，它不仅影响着学校的教育活动和校园文化，而且还深刻地影响着学生的思维模式、情感状态、价值观念以及行为准则。毫无疑问，大学精神是一种极具价值的文化，它不仅能够持续地推动大学的发展，而且还会产生深远的影响。大学精神是有关大学发展的价值取向及其在大学设置与运行中的体现。大学精神是大学的灵魂、旗帜及发展的内在动力，是体现于大学师生的一种崇高的境界，是大学得以发展的精髓。随着经济全球化和高等教育改革的不断深入，大学精神和大学理念受到了广泛关注。如何传承、弘扬和培育优良的大学精神，构建面向 21 世纪的高校校园文化，激励广大师生献身科学和人类社会可持续发展，是大学共同面临的现实问题。

（二）大学精神管理的重要手段

校园文化是一种深刻影响着大学生活的精神氛围，它展示了大学的文化传统和价值观。大学是文化的发源地，大学是文化的传承站，大学是文化的增值所。每所大学对文化的承袭和扬弃在细节上都会存在一定的差异，所以，每所学校就在各自不同的文化氛围里形成了互不相同的学风、校风、大学精神，互不相同的学风、校风、大学精神在学子身上的体现就形成了不同的校园文化。如何弘扬自己的校园文化，如何将自己的校园文化一代代传承下去，就理所应当成了各高校重点思考的问题。

优秀的校园文化已经成为学校发展的一种核心力量，并渗透于学校的所有教育、教学管理活动之中。在学校内部，校园文化对师生员工起着整合、导向、凝聚、规范和激励等作用。

校园文化一旦形成，就会成为约束人的行为的非正式控制规则，从而促使人们放弃一些不适宜的行为习惯和利益取向，形成共享目标、荣辱感和奉献精神。此外，它还能够促进人际关系的和谐，提高组织之间的协作，并为大学精神的内涵的持续发展提供支持。校园文化对于培养学生的全面发展至关重要。高校通过加强校园文化建设，可以为学生提供更好的物质基础，培养他们的审美能力；通过培养学生良好的行为习惯和道德素养，可以提高他们的能力；通过丰富的校园活动，可以培养学生的创新思维和实践能力。高校通过加强校园文化建设，可以促进学生的全面成长，并有助于提高学校的管理水平。校园文化建设所形成的学校精神、校风、校训和规章制度能有效地规范师生员工的行为，明确各自的职责要求，提高管理工作的质量。从一定意义上说，高校校园文化建设能有效地促进教育目标的实现，是大学精神管理的重要手段。

二、高校校园文化的社会辐射功能

当校园文化被建立起来并形成了一个稳定的模式时，它就具有了巨大的辐射力，不仅可以在学校里传播，还可以通过多种途径影响到周围的人们。学校作为一个传承精神文明的殿堂，不仅仅是社会的缩影，更是构建社会文明的基石。“学校文化场”的出现，使得校园文化的水准更加突出，更加丰富多彩，更加贴近社会的发展，更加深入人心，更加彰显独特魅力。高校校园文化的社会辐射功能不仅能够持续地将优秀的文化人才带到本地，也能够为周边地区的文化发展提供借鉴。学校文化是一个地区社会文化的核心，它不仅能够深刻影响当地人的思想、情绪、行动和文化习俗，而且还能够在更大程度上改变当地的发展趋势。

（一）高校校园文化是社会精神文明的一部分

在大学里，校园文化不仅展示了大学的精神，还将其转化为实际行动。过去，许多人仅仅将校园文化局限于一个特定的领域，而忽略了它与其他领域之间的联系。随着社会的发展，开放性已经成为一种必要，大学校园也不例外，它们与社会的联系日益紧密，形成了一个完整的社会系统。随着知识经济的发展，大学的经济价值和文化价值也得到了极大的提升，这使得社会文明与校园文化形成了一种互补的关系，使得校园文化成为社会主义精神文明的重要组成部分，为实现社会公平正义作出了积极的贡献。

校园文化是社会主义精神文明建设中群众性文化的一个有机组成部分，在培养现代化人才方面有着重要的地位和作用。高等学校是融知识集成、科研技能和素质培养为一体的高级人才培养基地。健康向上的校园文化则为大学生全面发展提供精神环境和文化氛围，并以其强大的感召力实现对大学生精神、心灵、人格的塑造。

高校通过加强校园文化建设，可以推动社会主义精神文明的发展。学生的学习环境对于构建和谐的社会氛围至关重要，它也是实现社会主义核心价值观的基础。学校是社会主义精神文明建设的重要基础，它不仅能够为师生提供一个优质的学习、生活和工作环境，培养他们的道德品质，激发他们的积极性，提升他们的文明素养，还能够通过学校影响社会，树立榜样，促进整个社会的精神文明建设。

（二）高校校园文化对社会文化变革的价值

校园文化不仅仅是在学校内部发挥作用，它还会通过各种渠道传播到社会中，对社会产生深远的影响。这就是校园文化的示范和辐射作用。优质的校园文化是一所大学的核心价值观，它不仅能够提升大学的教育质量，还能为其他高校和社会团体树立榜样。优质的校园文化可以通过该校学生、教师、科研成果、公众舆论以及丰富多彩的活动，影响并推动社会的发展，为社会的进步提供指导，促进创新，有效地改善和调节社会的文化氛围。

校园是一个充满文化气息的地方，它拥有丰富的历史遗产和最新的国内外文化资讯。在校园里，新旧文化、激进与保守、传统与现代、国内外文化交织在一起，人们秉承着对文化的批判性思维，不断接纳、消化、再创造，以此来实现文化的最佳发展。这里汇聚了各种文化元素，形成了独特的文化风格，同时也有许多年轻人保持着传统的精神。校园与社会的联系日益紧密，因此，培养学生的环境必须是一种清新、和谐、符合社会期望的文化环境。通过运用最先进的方法、最佳的媒介和最强烈的激情，校园文化为社会带来了美好的理想。这里的传统文化正在发生变化，外来文化正在被接受，社会主流文化正在被超越。“团结起来，振兴中华”“从我做起，从现在做起”奏响时代最强声。

校园文化对社会的发展产生了深远的影响，它不仅改变了学生们的思维模式，而且成了他们参与社会活动的榜样。随着大学生走出校门，融入社会，校园文化的影响力也在不断增强，他们的行为习惯将在一段时间内深深地影响着社会的主流文化。优秀的校园文化能够引领学生走向正确的道路，不断完善和优化学习环境，激发学生的创造力，培养出一批拥有先进思想的未来领袖，从而促使社会发生深刻的变革。因此，高校应该从宏观的视野出发，结合社会主义精神文明的发展，制定出一套完善的校园文化规范，让它成为社会主义精神文明建设的有效支撑。

在学校里，文化通常是激发创造力的摇篮。在校园里，有许多“思想家”和

"人文社会科学研究者"。他们能够迅速接收新信息，并且在理论分析和专业技能方面表现出色。他们不仅有责任和义务为社会做出宏观、长远和深层的思考，更有使命和价值，成为社会的良心和智慧的源泉，为社会提供指导，为社会发展提供智慧的支持。

此外，校园还是一个培养新技术和知识的摇篮。校园的责任是推动科技进步，传播最新的知识，而这些知识的传播不仅仅局限于大学校园，还可以跨越各个领域。

一方面，学校吸引了来自社会各行各业的人才定期来此学习；另一方面，专家教授们不仅走出校园，还在社会上传播新科学和知识，将它们带入千家万户，成为启蒙者和传播者，为社会发展作出了重要贡献。他们既是大学生的指导者，又是社会的指引者，有责任跟随时代的步伐，为未来作出贡献。

（三）高校校园文化是社会精神产品的生产源

大学的创新能力是它领先世界的关键，它拥有一个包容性强、充满活力的学习氛围，促进不同思想的碰撞，从而建立一个和谐的心理环境，并且能够推动优秀的大学文化产出。

大学作为一个充满活力的学习环境的提供者，其创造性的思想成果使其成为科学技术进步的推动者，同时也为其在教育体系中提供了强有力的支撑，使其能够不断推动和引领未来的发展。此外，由它创造出的精神产品对于社会的发展至关重要。

教育是面向未来的事业。高校既是为社会培养各类高级专门人才的教育机构，又是传播和发展科学文化、建设精神文明的重要场所。目前在校园文化中，虽然也存在着一些反映社会中低级落后因素的东西，但从总体上看，它更多地体现了先进、高雅的思想、道德、审美以及生活行为方式，更加突出地展示了社会中光明、美好的一面。无论是在科学文化领域，还是在思想、道德、审美等方面，校园文化都在不断发展和完善。在社会文化中，即使是社会允许存在的，也有高雅与通俗之分，校园文化更多地倾向于高雅文化，具有先进性。

在校园文化中可以看到它为民族文化的重塑和发展提供了指引。它以中西方文化为基础，在校园中进行碰撞和融合，从而激发出新的思维和观念。一方面，它对大学生的思维模式、价值观念、心理特征以及行为习惯等都有着重要的影响，并且会在他们的内心形成一种独特的认知。通过大学生的努力，这种新文化观念得到了广泛传播，对我们民族的心理和精神产生了深远的影响。另一方面，随着时代的发展，学校里涌现出的新思想、新观念不断渗透到社会，滋养着民族文化的根基，激发着民族文化的变革，推动着民族文化的重塑与创新。高校应该以尊重传统、弘扬民族精神为宗旨，汲取西方文明中先进的智慧，以培养学生的理性思维、人文素养，营造出一种充满活力、充满正能量的校园氛围，让师生们拥有更加团结、奋斗的精神，从而让高校拥有持续的活力与魅力。

三、高校校园文化的育人功能

以社会主义核心价值观为基础的校园文化是现代高等教育中不可缺少的重要组成部分，对学校的发展来说是一种具有神奇作用的内在动力。校园文化在大学中扮演着重要的角色，它不仅可以培养学生，而且与其他所有文化一样具有导向、激励、约束、调适（协调规范）和凝聚等各种功能。

（一）对师生的导向功能

校园文化具有引导作用，它通过汇集各种文化元素，对学校的价值观和行为准则产生影响，使其符合学校的宗旨和目标。

校园文化的重要性在于它可以引领师生走上正确的道路，并且通过不断的发展，高校可以培养出一套完整的价值观念和行为准则。人们的思维、观念和行为受到外部文化环境的深远影响。当校园文化的价值观念与个人价值观念形成鲜明对比时，个人会被强烈的影响力所吸引，从而不知不觉地接受周围的价值观，使自己的价值观与学校的价值观保持一致。

校园文化受学校发展理念和校园人个体的主体性行为的影响，同时受社会经济、政治、文化要求的引导。前者是校园文化发展的内因，后者是外因。自觉的校园文化——内因的变化为自身发展变化的主要根据，相反，以外引内的变化为主要根据的校园文化则是自在的文化。校园文化中这种自觉因素与自在因素的互动共同推动着学校的进步和发展。例如，随着市场经济的迅猛发展，社会对人们的要求也在不断提高，其中包括强调个体主体性、激烈的竞争、坚持法治原则、追求效益最大化等，这些都是当今时代所需的新思想，将为校园里的学子带来积极的影响。但与此同时，市场经济中许多负面的价值观念及不良道德现象也大量涌入校园，对校园人的价值和道德观念产生消极影响。在这样的条件下，若大学校园文化缺乏正确的价值观念和发展目标，就会导致校园文化陷入混乱，甚至产生不利的后果。

高校校园文化的目标是引领学生走上正确的道路，这需要依靠多样的文化元素来支撑。在当今的学校环境中，无论是物质条件、文化氛围、社会规范，还是个性特征，都能够提供一个有效的参照标准，以及一种共同的价值观，让校园里的每个人都能够自觉地遵守这种共同的价值观和行为准则。

（二）对师生的激励功能

校园文化具有强大的激励作用，它能够唤醒大学生内心深处的热情和拼搏精神，从而激发他们的潜能和创造力。通过培养正确的价值观和道德准则，大学生能够获得更强的责任感和更长的推动力，从而成为一个有效的自我激励的建设者。通常来说，激励的效果来自三个方面，即物质性激励、精神性激励和竞争性激励。在校园文化中，它更多的是通过心理上的因素来促进学生的成长。

在校园里，校园文化致力于建立一个以学校的发展为中心的共同价值观。通过共同的办学理念和价值观，高校创造了一种充满活力的校园文化氛围，让每个校园人都能够从中获得成就感，并且激发出自我提升的动力。激发动机是必要的，动机会导致行为，而行为又会指向目标。激励是一种满足需求的方式。人类的最高渴望可以通过不断的自我鼓舞和努力实现。这种自我激励机制可以让每一位成员都获得奖励，并且使他们所作出的贡献受到肯定，从而鼓舞学生们不断努力，以期达到社会所需的人才水平；同时也激励教职员工们勇于付出，乐于奉献，以实现自身价值和学校发展。通过建立丰富多彩的校园文化，高校可以让大学生们感受到一个充满乐趣、激情、梦想的社会，并且能够从中获取到精神上的满足，还可以让他们有机会参加更多的文化活动，并且能够接触到更多的有益的资源，从而更好地发挥自己的潜能，达到自我价值的最大化。在高校校园文化氛围中，各种因素都能激发学生产生并保持积极的行为方式。大学的校园文化旨在满足学生各种各样的需求，同时也会调节一些不合理的需求，促进个人的积极性和进步。这有助于增强学校的活力，激发全体师生的共同努力，为他们创造一种互相鼓舞的氛围，为他们的未来提供长期的动力。

校园文化的积极作用已经深入到学校工作的各个方面。在学校文化建设中，高校致力于打造一个美观、整齐、舒适的环境，营造一种充满正能量的精神文化氛围，培养出一种积极向上的校风、教风、学风，激励每一位师生充分展示自身的技能与特长。高校只有通过确立明确的目标，并且在文化建设的过程中不断努力，才能实现最佳的结果。为了提升校园文化的氛围，学校应该组织多样的文化活动，鼓励师生和员工积极参与，并制定明确的目标，以激发他们的积极性，将理想变为现实。

这种激励机制旨在提升学生的综合素质，以及增强他们的团队协作精神。它既可以唤醒学生的热情，又可以增强他们的责任感，让他们在团队中发挥出最大的潜力，从而达到最佳的教育效果。

（三）对师生的约束功能

校园文化具有重要的约束作用，它能够影响学生的思维、情绪和行为，从而促进学生的健康成长和发展。校园文化的建立并非采取强制措施，而是以积极的态度、积极的精神状态以及良好的社会环境来塑造，从而有效地影响学生的价值观、道德观念以及行为习惯。它通过群体意识、社会舆论、共同的风俗和风尚等精神文化内容，可以给学生带来强大的集体心理压力，激发他们的自律性，从而使他们的行为符合学校的规范，达到良好的教育效果。如果说学校的各种规章制度是以“看得见的手”从外在调控着学生的行为，那么，校园文化就是一只“看不见的手”，它在学生的心理深层形成一种心理定式，构造出一种响应机制，从内在调控着学生的行为。从制度的外在调控到校园文化的内在调控，是制度的价值意义内化的结果，它为每个校园人评定自己的品质、行为和人格等方面提供了内在的尺度，并用这种尺度规范自己的行为，使之符合群体的规范。它极大地增强了学校规章制度的约束作用。

（四）对师生的调适功能

校园文化的目的是建立一个充满爱心、互助友爱、互信互利的氛围，以促进师生之间的共同成长与发展。它致力于消除不公平的现象，激励全校学生自我反省，促进人际关系的和谐发展；它致力于满足学生在情感和价值观方面的需求。在校园里，“板结”的现象被彻底改变，“板块”的架构也被彻底拆解，学生们的行为被统一起来，通过情感的交流，建立起良好的人际关系，从而实现协作的效果。校园文化旨在建立一种共同的价值观念，营造良好的学习环境，促进“软约束机制”的实施，从而缓解学生之间的心理压力，增强彼此的信任，促进共同的学习，激发学生的潜力，实现共同的梦想。学校文化精神深植于校规校训、校风校貌、校内人际关系、道德风尚中，它不仅能够约束学生的思想和行为，而且还能够激发学生内心的自我管理和约束，通过自省和内疚自责，改变不良行为，从而达到良好的教育效果。

大学的校园文化的调适功能还体现在：通过教师和学生之间的协作，它可以提升整个团队的工作表现；在全面的工作中，它强调了学校各个部门之间的密切联系和共同努力；它促进了教师、学生、员工三者之间的心灵交流、共鸣和理解，构成了一个坚实的心灵基础。通过深入的沟通和交流，它能够达到最佳的和谐状态。它不仅体现在信念的共识、追求的默契、个性的认同、道德的尊重、情感的和谐、价值观的基础上，还体现在彼此之间的信任上。

大学校园文化的调节作用主要是为了解决人际关系和思想上的冲突。在学校里，优秀的文化氛围有助于建立学生之间的心灵联系，并成为他们的支撑。在学校的精神氛围中，同事们相互理解，相互支持，彼此尊重，共同追求，并且彼此信任，从而创造出一个和谐的人际环境。在这种互动中，老师们应该保持谦虚、乐观、坚定，既要尊重他人，又要接受自己，保持一颗平常心，并且深刻地领悟到现实世界中的真谛；在这个互动的环境中，教师的共同追求的目标被实现，团队协作的精神也被激发出来。学习者应该拥抱积极乐观的精神文化，这能够帮助他们克服思维的困难，缓解焦虑和压力，从而获得更好的成长；通过引导学生勇敢面对挑战，培养乐观积极的态度，激励他们克服困境，提升自信，提高自律能力，激励他们不断进取。

大学是一个重要的平台，它汇集了来自不同背景的人们的观点和思考。此外，在学校的运作中，管理者不仅要考虑到物质收入的平衡，还要探索改进管理机制，并且要注重人才培养的实际效果。冲突也可以是有益的，通过恰当的调节，可以激发出新的思维和工作动力。优秀的校园文化和运作机制应该有助于促进人们情感的表达、思想的沟通与交流，以及认知上的统一，从而潜移默化地消除人们的认知偏差，让他们更加深刻地理解真实的生活和人生，并且引导整个学生群体的价值观达到一致，使个体与群体在发展目标上达成共识，形成爱校、建校的共同愿景，为缓解冲突、化解矛盾、调节关系提供良好的环境和机制。

（五）对师生的凝聚功能

当校园文化的价值观得到广泛认可，并且受到全体校园人的共同拥护，它就会产生一种强烈的归属感，使得每个人的信仰、情感、行为都能够与学校的目标相一致，形成一种稳定的文化氛围，激发出一股强大的凝聚力，从而推动整个校园的发展。

集体意识是一种强大的心理驱动力。集体凝聚力是一个国家实力的关键因素。大学生的团结协作是学校克服困难、实现发展目标的关键因素。通过师生和其他人的共同努力，高校已经建立了一种独特的、受到广泛认可的校园文化。这种文化不仅体现了学生的团队合作，也展现了学生的个性。大学校园文化的重点还包括促进师生之间的团结，并帮助他们在新环境中适应和融合。当校园文化中的价值观得到学校成员的认可时，它就会成为师生之间的桥梁，激发出强大的凝聚力，让每一位师生都有机会参与到学校的建设中来，充分发挥自身的潜能，为实现学校的发展目标作出贡献。新的学生可以从优秀的校园文化中获益，这些文化可以影响他们的思想和行为，并帮助他们更好地融入学校的氛围。通过不断的接触和感知，新的师生可以慢慢地接受这些文化，并成为这些文化的传承者和传播者。

通过建立良好的学校人际关系，促进教职工的个性化发展，并让他们的兴趣爱好与学校的理念相结合，高校可以培养出强大的团队凝聚力。通过建立良好的团队合作关系，师生可以更好地理解并尊重学校的文化、传统、价值观，并且能够更好地承担起他们的职责，从而更加热爱并支持他们的学校。学校应该采取有效的措施，制定出具有吸引力的、富有创意的校园文化活动，以唤醒师生的热情，鼓励他们主动参与，共同探索，并将自身的潜能和能力发挥到最大，使其能够更加全面地实现自身的潜能，并且将自身的理想、兴趣爱好与学校的精神紧密结合，从而建立起共同的价值观念和行为规范。校园文化的深厚底蕴和健康向上的精神，使大学生能够将兴趣爱好、青春活力集中于人格发展、学业成就和素质提升上，从而有效地抑制不良文化的影响和不良行为的出现，为学校的稳定发展提供了有力的支持。通过学校的努力，师生可以建立起一种强大的团队精神，并将其转化为一种激励他们共同进步的学校文化。

第四节　高校校园文化建设的原则

高校校园文化建设会因时空、学校定位等方面的不同而呈现出一定的差异性，使得高校校园文化系统工程建设显得纷繁复杂。在建设高校校园文化实践过程中，要以科学的原则为指导。具体来说，高校校园文化建设的原则主要包括以下内容。

一、坚持先进文化的发展方向

首先，高校校园文化的发展需要不断努力。高校校园文化的发展必须坚定不移地走社会主义先进文化的道路，掀起一股社会主义文化建设的热潮，唤醒全体公民的文化创造热情，增强国家的文化软实力，确保公众的基本文化权利，让社会文化生活变得更加丰富多彩，让公众的精神面貌变得更加积极向上。

从功能上看，先进文化是指那些能够适应生产力发展要求、满足最广大人民根本的需要、促进人类的发展并能引领文化未来方向的文化；从构成要素来看，先进文化主要指的是那些能适应时代发展的优秀传统文化、优秀外来文化，以及通过文化创新而产生的新文化。

其次，高校校园文化应该致力于推动先进文化的发展。我国的精神文明建设需要以大学作为宣传和推广的重要阵地。高校校园文化建设工作也必须符合社会总体文化建设的目标。对此，博克认为："无论在城市还是乡镇，大学的文化、反世俗陈规的生活方式和朝气蓬勃的精神面貌，常常成为刺激周边社区的载体，同时也是他们赖以骄傲的源泉。"①

高校校园文化不仅能够引领先进文化的发展方向，还有力推动着先进文化的传播，实现社会文明程度的提升。联合国教科文组织在制定的《促进高等教育的变革与发展的政策性文件》（以下简称《文件》）中，就提出了建设"前瞻性大学"的新理念。《文件》要求大学不仅要培养大量的优秀人才，将知识与生产相结合，而且要充当先进文化的传播者。②

从根本上来说，高校不仅是培养人才的地方，同时也是整个人类社会思想和文化传播、交流沟通的平台。在某种程度上讲，其自身就是先进文化发展的方向。高校校园所传播和创造的科学文化知识，除了能够不断促进高校自身文化建设的发展，同时也能够在特殊条件下实现社会文化的不断创新与发展。

二、实现共性文化与个性文化的结合

高校校园文化具有社会文化的"共性"。大学文化是社会的一种亚文化，要通过对社会文化的有效整合，综合体现出世界文化、时代文化、校际文化、民族文化等因素，为自身建设寻求稳固依托。

在具体一段历史时期内，高校校园文化建设都可以视为时代文化的产物，校园文化建设要根植于民族文化的土壤中，反映了世界文化的发展趋势，实现校际文化的互动。社会认可和接受的最基本条件可以表述为："大学校园文化建设要遵循大学文化发展和建设的普遍规律，体现大学文化的共同特征，努力建设富有社会主义特点、时代特征和科学民主开放的大学文化。"③

同时，高校校园文化还具有自身的"个性"，具有一定的特殊性，与一般社

① 博克. 走出象牙塔 现代大学的责任[M]. 杭州：浙江教育出版社，2001.
② 李长真. 大学文化与当代中国先进文化研究[M]. 西安：陕西人民出版社，2008.
③ 蔡劲松. 大学文化理论构建与系统设计[M]. 北京：文化艺术出版社，2009.

会文化存在着差异。个性是高等教育的重要组成部分，也是校园文化建设的重中之重，反映出高等教育的根本价值。为了突出校园文化的独特性，高校应该努力打造出与众不同的特色，并在多样的环境中保持领先地位。不同的学校有着不同的历史和文化背景，这些差异对于一所大学的独特性产生了重要影响。如果没有独特的文化个性，那么很难建立一个优秀的学校品牌和独特的文化。

正是由于大学文化具有个性化的特征，才实现了不同文化之间的相互交融。因为个性必须融入国家乃至世界文化发展的趋势，才能彰显自身独特的魅力。在校园文化建设实践中，高校必须以自身实际为出发点，探索学校本身的发展历史；对学校的传统、精神、特色进行总结和提炼，彰显学校文化的个性，实现高校校园文化的纵深发展。

三、努力实现继承传统与创新的结合

（一）实现传承与创新相结合的背景

世界文化的发展逐渐趋于多元化，我国改革开放后社会主义文化发展的趋势也发生了一定的变化。由于世界处于一个开放的状态中，各种文化不断融合、渗透，并以前所未有的速度获得新的发展。因此，我国社会文化必须向综合化方向发展。

高校校园文化要传承和弘扬民族优秀文化传统，发掘自身文化建设的传统和精神，深化中国特色社会主义和中国梦宣传教育，弘扬民族精神和时代精神。

（二）高校校园文化的传承与创新的意义

大学生是校园文化建设的重要主体，对整个中华民族的复兴有至关重要的影响。高校大学生思想道德素质的高低对整个社会主义建设事业的成败起着关键作用。因此，高校校园文化建设需要大力宣扬大学精神和传统，以中华民族的优秀文化促进高校大学生的成长。

大学是社会的一个子系统，而且大学具有开放性等特征。在时代的高起点上推进文化创新，从而解放和发展文化生产力，以此来最终促进社会文化的大发展。高校校园文化的创新发展，不断赋予高校校园文化精神以新的内涵。

（三）传承与创新结合的具体实施

现代高校校园文化建设要把握好两方面的内容：一是继承优秀传统文化；二是吸纳世界文化精髓。现代高校校园文化建设要以大学校园文化的继承与弘扬为出发点，立足于学校未来的发展，充分挖掘本校历史文化，吸收各国先进文化，推进学校的国际化进程。

显然，由于校园文化具有探索性和超前性，必然会在新时期的“文化革命”中发挥先锋作用，在校园文化中确立时代文化的主导地位。当然，在社会文化中，有很多传统的思维方法、观念意识和行为方式，由于其历史悠久、影响深远，已深刻扎根于社会生活中。这势必造成校园文化中传统文化与时代文化的碰撞。

校园文化是一个充满活力的地方，它汇集了传统文化与现代文化的优点，并通过相互碰撞和冲突来促进其发展。为了促进自身的发展，校园文化需要妥善处理当下和过去的文化差异；通过努力实现传统文化的现代化，将其融入当代社会，以及在当代社会中保持其独特性，从而达成现代文化与传统文化的和谐共存。

四、将科学精神与人文精神结合

高校校园文化建设一方面要做到实事求是、严谨规范和独立思考，具备一定的科学精神；另一方面要关注生活，关注人的价值，体现一定的人文精神。因此高校校园文化建设必须将科学精神与人文精神结合起来。

高校校园文化的科学精神的基本内涵为，以创新为灵魂、以求真为目标。校园人的活动性质和范畴，决定了大学校园文化要以科学精神为核心。大学的主要活动为传播科学并进行科学研究，校园文化科学精神的推崇，需要包容多元化的个性。通过兼收并蓄，实现各种新思想观念、理论方法的相互交流与碰撞，并在此基础上产生新的文化，通过文化提供的新的视野推动科学的发展。

科学精神增强了校园文化的底蕴，为大学发展注入活力，并发挥出强有力的社会辐射力和群体凝聚力，为校园文化建设提供价值导向。由此可以了解到，科学精神为大学的生存与发展提供了原动力，注入了生机和活力。

高校校园文化建设要体现和尊重人的价值，要关注人的发展，注重人的精神生活，不断追求真善美。这就要求在校园文化建设过程中，坚持以“以人为本”的人文精神。

即使是自然科学领域的杰出人物，其人文功底也十分深厚。爱因斯坦式的“思想试验”本质上体现了哲学思维的人文精神。“学校的目标始终应当是，青年人在离开学校时，是作为一个和谐的人，而不是作为专家。”[①] 另外，有些学者指出：

① 马毅，胡凡．大学的主流文化与“以善为本”的人文教育理念[J]．东北师大学报（哲学社会科学版），2008（3）：157—161．

“科学的诸多价值在本质上都是人文的，尤其是科学的技术价值与经济价值，蕴含着深刻的人文意义……对于人的生存、发展、自由和解放具有根本意义的价值。”[①] 高校校园文化建设，要将科学精神与人文精神结合起来，在弘扬科学精神的同时，也要充分体现其文化的人文精神。

五、整体规划与分步实施的结合

首先，高校校园文化建设需要进行整体规划。高校校园文化建设这一“系统工程”，需要宏观把握，统筹规划，处理好文化的物质层面、精神层面、制度层面和行为层面的关系，使其协调发展，实现高校校园文化的不断继承、发展、创新。高校校园文化建设属于“一把手工程”，因此需要接受校党委的统一领导，超前谋划、全盘统筹规划，保证文化的延续性和统一性。

“应有领导主管文化建设；应成立专门机构或由有关部门具体负责牵头制定全面、系统、长远的文化建设和发展规划以及年度工作计划，负责研究、统筹、协调高校日常的文化建设工作；机构组成中应有专家学者。”[②] 从而实现高校校园文化建设的持久发展。

其次，高校校园文化建设需要分步、有序实施。大学文化建设需要落实到每一步的发展中，因此要结合学校实际，有重点、有步骤地实施。全体师生员工在校园文化建设中，应具有自觉的意识，积极主动参与，认真配合，有计划地循序渐进，使校园文化建设活动全面系统地展开。

高校校园文化建设既包括“系统工程”，也包括“闭环工程”，它需要借助于大学内部的有效机制，结合多方资源，共同推动，实现高校校园文化的全面发展。除此之外，高校校园文化建设是一个庞大的工程，需要消耗大量的时间和精力，因此需要逐步深化和完善，不能过于急躁。

任何一项高校校园文化工程的建设，实际上都需要科学地进行统筹安排，并且对其实施的可行性进行相应的论证，而且也要在实施过程中不断反馈问题，最终获得提高。为此，高校校园文化建设要建立相关的评价标准和反馈体系，结合广大师生和社会各界的力量，反馈、衡量建设的实际效果。另外，高校还要形成重视校园文化建设的传统，不断完善文化建设的内容、方式和方法，使高校校园文化建设不断步入新的阶段。

---

① 孙正聿. 哲学通论[M]. 沈阳：辽宁人民出版社，1998.

② 冯刚. 科学发展观高校读本[M]. 北京：人民出版社，2009.

六、以人为本与促进发展相结合

高校校园文化建设要使学生的才能都得到充分发挥，为师生的发展创造良好的平台，这就要求校园文化建设做到以人为本与促进发展的结合。

首先，高校校园文化建设要以人为本。深入探索人类从物质世界走向精神世界的规律，以实现全面发展，培养出具有社会价值的有用人才，是大学不可回避的社会责任。教育的实施者和接受者都是具有独立意识的个体生命，因此在校园文化建设中，要以广大师生的存在和需要为价值取舍的最终依据。

高校校园文化建设要实现以人为本，应该在实践活动中为师生提供一个充满机会和空间的平台，让他们在尊重、包容和创新的氛围中，均衡各方面利益，营造和谐的校园文化。

其次，高校校园文化建设要实现人的发展。高校应该建立以人为本的良好的校园文化氛围。为了促进人的发展，高校应该努力提升其竞争力。高校的校园文化是其核心竞争力的象征，它为高校的各个领域的健康发展提供了坚实的基础。在高校里，校园文化包括四个方面：物质、精神、制度和行为。为了增强自身的核心竞争力，高校必须在这四个方面都取得进步。

另外，高校核心竞争力对高校的各种核心能力和资源具有较大的依赖性。校园的文化建设，有利于提高学校的教育水平，提升学校的凝聚力、创造力和影响力，提升现代大学办学和承担重大社会责任的竞争力。“有效整合高校人力资源，充分激发其趋向于高校战略目标的积极性、主动性和创造性，对高校竞争力的形成和提升具有重要意义。”①

① 林峰．试论高校核心竞争力的隐性要素[J]．文教资料，2007（22）：6—8．

第五章　高校校园文化建设管理

高校校园的文化建设管理包含多方面内容，本章主要从高校校园制度文化建设管理、高校校园行为文化建设管理、高校校园物质文化建设管理、高校校园精神文化建设管理来进行介绍。

第一节　高校校园制度文化建设管理

一、高校校园制度文化的相关概念

（一）制度的界定

在我国目前学术界使用的“制度”一词源于英译。关于制度一词的内涵中外学者一直存在争议，西方关于“制度”（institution）一词的定义，被公认力度最高的解释是“由规则调节者建立起来的秩序”。对于这一定义，可以从以下三个方面来理解：一是将其作为建制结构的综合体存在于现实社会生活中；二是非正式的规章规范和制度属于其中一部分；三是这种建制结构的综合体形成的过程。根据以上分析可以将制度的定义总结为：现实社会中实际存在的规章制度和建制结构，或者是“典章化”与“法典化”的过程。

（二）现代大学制度

现代大学制度指的是，为满足现代社会发展需要，面向社会，按照法规自主办学、实行民主管理、作为独立法人主体和办学实体的大学，在政府的宏观调控下，享有的权利和应承担的职责相统一的管理制度，代表了大学、政府、社会关系之间的治理方式、行为准则和制度规范。它的含义可以从以下两个维度理解：一是关于大学的体制定位，主要包含大学与社会、大学与政府、大学与大学等单位之间的关系；二是关于大学内部机制安排，主要是指大学内部的治理结构。现代大学制度的主要特点表现在以下几个方面：第一，政校分离，以学校自我治理为主；第二，学校拥有办学自主权；第三，通过制定并遵循章程，实现大学自主管理；第四，决策机制更加健全、科学合理，运行机制日趋高效、快捷；第五，通过实施教授治学，合理分离行政权和学术权。

现代大学制度是基于高等教育的实践应运而生的。高等教育的实践活动刺激了高校对现代大学制度的需求，现代大学制度是高等教育实践的理性产物。西方现代大学制度经过了600多年的探索与实践，基本框架才日趋完善。大学自治制度的产生是为了降低党派、教会、政府以及世俗力量对大学事务的干预程度；学术自由制度的产生是为了能够让大学教授充分自由的表达思想观点，不受任何外在力量的约束；大学内部的民主管理和学者治校制度是为了保持学者地位平等、权力公平，并确保大学按照大多数学者的意志方向发展。以大学自治、学术自由以及内部的民主管理为主要特征和内容的现代大学制度的建立，为大学教育和学术机构永葆活力和健康发展提供了良好的制度基础。

（三）制度文化

制度文化是有组织、有秩序的规范体系，是基于社会发展和人类自身生存的需要而主动创造出来的。其主要包括国家的行政管理体制、法律法规制度、民间礼仪俗规以及人才培养选拔制度等内容。制度文化是人类在物质生产过程中所结成的各种社会关系的总和，是文化层次理论要素之一。制度文化的反映表现为社会的法律和政治制度、经济制度以及人与人之间的各种关系准则等。

制度文化的内涵可以从下列三方面分析：

第一，制度文化由基本层面、高级层面以及实施机制三个层面构成。其中基本层面主要是基于传统、经验、习惯和知识积累形成的，是一个自生自发的标准层面，是价值观、风俗习惯和道德伦理等文化因素的反映；高级层面主要由理性设计和建构的制度文化构成，该层面是一个经过人类有目的、有意识的理性设计和构建的制度层面，是经过国家法律制度、社会、社区共同确认的有关政治、经济、文化、社会的正式制度层面；实施机制层面包含组织、机构、设备等。其中制度文化的基本层面与高级层面相互协调，统一一致，为制度文化关键功能的实现奠定基础。

第二，制度文化是文化的规则层面和秩序系统。文化是一个有机复杂的整体，固定的规则和稳定的制度是其意义系统的必然体现。换而言之，制度文化的这一特征充分说明了文化是人类全部活动的整体，而不仅仅是人的心理精神活动。因此，精神文化的生存保证和维系建立在一个合适人类心理精神活动发展的环境基础之上，而这个环境指的就是秩序。该秩序是个体与个体或者群体与群体之间反复斗争的自然选择而生的，或者是建构和设计的规则。以此推论，制度文化与人类心理精神活动之间存在一定的互补性、兼容性和协调性。如果二者和谐发展，则有效的制度文化应运而生；如果二者之间充满了矛盾、缺陷、冲突和困惑，则在此过程中产生的往往是无效或者是过渡的制度文化。

第三，制度文化是文化的集中体现，制度文化反映和连接了文化的物质和精神层面构成的整体，是文化的集中体现，从此概念上来说，制度文化在文化的三个层面或三个系统中起到了决定性的作用。制度文化的该特征充分说明了文化三个层面或三个系统的协调互动促进了文化的演进，一个有效的、良好的秩序，即制度文化，为文化整体的协调互动提供了肥沃的土壤，二者相互促进。

（四）高校校园制度文化

高校长期形成的道德规范、老师和学生之间日常相互尊重爱护的礼仪习惯，以及成文的规章制度或约定俗成的习惯等，形成了高校制度文化这一有机整体，它的形成是高校发展中长期制度的沉淀与积累，也是学校专门经过特定程序制定的，是为了更好地适应教学管理，为高校发展提供了内生动力，同时也促进了高校和社会关系的稳定。高校校园制度文化主要包含学校管理体制、组织结构和规章制度等。

1. 管理体制

高等教育管理体制是指与高等教育管理活动有关的组织制度体系，可分为宏观管理体制和微观管理体制。高等学校的宏观管理体制是指国家在协调和指导高等学校的办学而在有关机构设置、隶属关系、权限的划分上的各种制度的总和，是一定的社会系统中高等学校与政府之间关系的集中反映。高等学校的微观管理体制，一般指高等学校内部的管理体制，是指高等学校人、财、物的配置，招生、专业设置、课程设置、教学组织等事务的责任权限划分，是高等学校内部管理的各种制度的总和，是高等教育管理体制的基础和基本组成。

2. 组织机构

组织机构为组织活动的存在提供了载体，组织活动则为组织机构的存在和发展提供了内生动力。组织机构的存在为组织管理活动的开展提供了基础，为管理目标的实现提供了可能性。有学者将组织定义为，为了达到某些特定目标经由分工与合作及不同层次的权力责任制度而构成的人的集合。

在外部诸多要素的作用下，具有一定关系的大学内部组织结构要素组成了高校的组织结构。从此概念上说，在大学功能的发挥和大学战略目标的实现过程中，大学组织结构的优劣、合理与否起到了至关重要的作用。大学的组织结构一般可分为管理组织结构和学科组织结构。管理组织结构是指高校党政管理部门及群团组织，其主要职能是为学科组织结构提供服务、协调和咨询，学科组织结构指高校按学科设置的学术管理机构。大学组织结构的变动包括组织结构增减、调整，转变职能、重新划分与界定组织结构间的权限、职责以及隶属关系等。

3. 规章制度

高等学校规章制度是高校为了实现国家的高等教育目的和学校的办学目标及理念，依据有关法律法规及方针政策，按照一定程序自主制定的，在全校范围内实施的，对学校各项工作和各类人员有普遍约束力的章程、条例、规定和办法等规范性文件的总称，是要求师生员工共同遵守的行为准则，也是高校一切日常管理工作的重要依据和行为规则。高校规章制度建设是在结合自身实际的情况下，对国家法律、法规和各种行政规章的具体诠释和贯彻落实，是学校自主管理权的延伸和重要体现，完善的规章制度体系是高校依法办学、依法治校的重要保证。

二、高校校园制度文化的形成阶段

通常来讲，高校校园制度文化的形成大致需要经历以下四个阶段。

第一阶段：萌芽期。在学校成立初始阶段，制定一系列规章制度有助于规范学校的各项工作。通常来说，该阶段的学校规章制度内容较为单一，且主要以效仿为主，充分借鉴其他高校的制度、体制和经验，在此过程中，学校管理者的主观意志可能会起到关键性作用。

第二阶段：成长期。随着学校的逐步发展，各项工作在现有的制度体系下有序进行，在此过程中，学校管理者在实践中不断总结经验，吸纳师生员工意见，修订完善现有制度，以更好地适应自身发展的需要。该阶段与第一阶段可合并称为“准制度文化”阶段，学校尚未真正建立适用于本校特色发展需要的制度文化。

第三阶段：成熟期。经过“准制度文化”阶段，基本的制度保障已经建立，在此基础上，学校深入挖掘校风蕴含的习性礼俗，于现存的制度体系中融合本校文化因子，使得学校师生员工的观念、行为特色、心理得到充分的展示，最终形成真正意义上的制度文化。这一阶段可称之为制度文化的结果期。此时，校领导的主观影响逐渐被削弱，牵引学校制度发展的因子变成了长期积累和沉淀下来的文化定式。

第四阶段：发扬期。这一时期也可称为“后制度文化”阶段，即在制度文化形成后，通过学校广大成员的共同培育，不断吸纳新鲜观念，促进开放型的制度文化体系的形成。

三、高校校园制度文化的特点

高校制度文化随着管理制度的沿革而不断演变，最终形成了其自有的内在特征，可以总结为历史时代性、规范与执行性、多层次性和隐蔽性。这些特征与客观环境具有高度相关性，并被历代大学人接受和认可。

（一）历史时代性

高校管理制度作为学校内部的行为模式准则，却与学校所处的外部环境密切相关。适应外部环境的需求是促使管理制度的变迁与调整的首要因素，在此基础上再根据自身的需求进行扩展与延伸。国家关于高等教育的相关政策和方针直接影响了学校制度规范的制定，学校内部制度和组织的调整同样需要满足社会对高等教育、大学生、大学学者的需求变化。所以，高校制度文化在不同的历史时期，具有不同的特征，即历史时代特征。该特征体现在管理制度的演变过程之中，而管理制度的演变也说明了制度文化是顺应时代变迁与发展的产物。

（二）规范与执行性

大学文化由精神文化、制度文化和环境文化三个层面构成，其中精神文化主要包含价值观、思维模式、理想追求、道德情感等，制度文化是由大学的组织架构及其规则构成，环境文化是由大学的物理空间、设施设备等构成。这一观念被教育界普遍认同。制度文化与精神文化和环境文化的不同之处是其必须有载体才能得以实现，即制度文化需要以管理制度为载体，在管理制度的设定、制订与落实过程中体现其内涵；而管理制度本身需要通过组织机构、制度条款等来规范管理高校的办学治校过程，让学校依法依规健康发展。同时，只有高校管理者切实落实管理制度，才能体现制度文化的规范性。如果管理制度不能得到贯彻落实，那么它存在的意义微乎其微。所以，制度文化的意义建立在规范与执行的基础之上。

（三）多层次性

制度文化的多层次特征体现在高校管理制度的演变进程中，比如组织机构的成立与撤销、制度规范的制订与修订，都遵循一定的规律进行演变。建校初始阶段，学校组织机构比较简单，在不同的时期，学校的纵向主导架构一般是各类委员会，如筹委会、党委等，按需设置分级的行政机构；横向主导架构多是行政管理，除专业设置外没有正规的教学组织机构。制度规范的修订主要以学校层面开展居多。随着时代的发展，1980 年以后，学校的组织管理架构日趋完善，分工明确精细，经过上级批准，分别成立了党委办公室、宣传部、纪委、组织部、统战部、学院办公室、科研处、人事处、研究生处、教务处等职能部门，成立多个教学组织机构辅助专业设置，将行政、科研管理、教学有机统一，明确分工、厘清职责。综上，在高校的管理领域高校制度文化的多层次特征发挥了积极的影响与作用。

（四）隐蔽性

关于大学文化建设的研究，大多数学者主要从环境文化和精神文化的角度切入，高校管理者给予了二者同样的重视程度。学校主要通过优化校园环境改造环境文化，例如调拨经费对校道、建筑物、图书馆、公共绿地等景物进行设计与改造，设计时综合考虑并融入校园的人文风格，从而在短时间内发挥环境文化建设的功效。在高校文化建设中，精神文化建设占有举足轻重的地位，如通过校徽、校训、校旗、大学精神、校歌，以及与学校特征相关的文字、图标、物品等，直观地向外界展示学校的风貌、特色与文化。不同于环境文化和精神文化，制度文化融合于学校内部的管理过程，历经长久时间的沿革与变更，表现其影响与内涵，容易被忽略，得不到足够的重视，具有隐蔽性特征。

四、高校校园制度文化的功能

（一）育人功能

校园制度文化犹如一种无形的力量，以润物细无声的方式影响并同化着校园里的每一个个体，展现其强大的育人功能。一所高校所特有文化，例如传统、规章、仪式、制度等直接影响着学校里的成员，而校园成员通过自身的行为表现又不断践行和发扬校园文化。在此过程中，如果一所高校能够主动借鉴和思考先进的文化理念，将大学生的身心发展需要、创校的初始理念、学校传统风貌、校史沿革等因素作为构建校园制度的因素，则说明形成了优良的校园制度文化，进而影响着校园每一个个体的价值观、思想观、人生观等诸多方面。优良的校园制度文化潜移默化地塑造人的思想，陶冶人的心灵，促进人的个性发展，为全面推进素质教育体系建设提供了优良的文化环境。以湖南第一师范学院为例，近年来通过出台一揽子关于资源节约和友好环境建设的规章制度开展“两型”校园建设，建立和完善了教室资源整合、资产申报管理、校园绿化规划等相关制度，立足于校园网络宣传、师生共同监督、健全广播系统等形式，使校园制度文化在育人方面的功能得到充分发挥。实践数据表明，学院年度用水、用电量呈逐年递减趋势，对校园环境的绿化与维护保障力度进一步增强，浓厚的书香气息在图书馆和教室弥漫，资产管理和使用更加有效有序，文明校园创建过程中，师生的参与意愿高涨，爱心活动层出不穷，大学生整体的素质和修养道德得到了明显的提升，校园呈现出一派健康、文明、和谐的文化景象。

（二）规范与约束功能

硬性制度的制定对高校的持续健康发展发挥着至关重要的作用，用来制约害人害己、违反公序良俗等不良行为，如公共场所吸烟和“大嗓门”，大学生公交车上不为老弱病残孕让座，恋爱行为的“大胆”与“张扬”，评优评先过程中显现的不民主、不公平、利己主义者的自私狭隘行为等。制度设计理念背后隐藏的价值取向和文化认知会在高校师生践行制度、规范行动时，潜移默化地影响高校师生的认知模式，固化成定式的思维形态，最后演变成一种“传统”。当制度的规范形式、精神内涵和行为指标最终合法化和正当化时，制度理念背后的价值规范会格外被人朝圣，进而成为高校师生行为规范的主要参考。所以，在营造一个公平、正义、规范的校园文化气氛过程中，可充分借助校园制度文化的规范约束功能的力量。以湖南一师学生管理制度中的“十不准”为例，其内容主要是规范学生的言行举止，目的在于引导学生言行规范文明，展现现代大学生优良的素质品德；通过建立考核机制，规范学生评先评优过程，以实现程序规范、过程公正的目的。

（三）导向与激励功能

个人的行为准则需要依靠制度的约束，同时制度也为人们提供了道德进化的保障。校园制度文化为高校的持续健康发展提供引导，激发人的主观能动性，在人们对生存与发展的手段、目标选择过程中提供导向，激发大学生为了理想而不懈努力奋斗的潜能与激情。在大学生道德教育过程中，校园制度可以发挥双刃剑的作用，既可以将其用作奖励手段，也可将其用作惩戒手段，展现了校园制度强大的导向和激励功能。健全的激励机制是校园制度制定过程中的首要考虑因素，不然会对师生教书学习成长过程产生消极影响，挫伤其做好人好事的积极性。只有道德激励制度与个体优良的思想素质相辅相成时，遵章守纪才能成为大学生的行动自觉，进而追求更高的思想道德境界。与之相对，适当的惩罚制度是约束大学生行为的强有力的方法，明确告知其哪些行为可为，哪些行为必须为，哪些行为不可为。当个人利益和集体利益出现冲突时，以保障共同利益为目的设计的规则体系作用凸显，惩戒制度的功能得以发挥。比如，湖南一师近年来持续深耕完善学生奖助贷机制，包括奖学金评价考核条件更加明确严格，贫困生求学条例设定更加人性化，贷款帮扶以诚信为本等，促进不甘人后、人穷志不短，诚信立足的优良校园文化气氛。

五、高校制度文化建设存在的问题

（一）高校校园制度不完善

校园制度文化的挖掘程度直接关系到高校规章的合理性、严明性以及科学性。目前，学校规章制度制定过程中重点凸显了规则制定者和师生员工之间的管理和被管理关系，忽视了精神文化在规章制度中的地位，如关于目标追求、价值追求、作风态度、素质要求等条款较为欠缺，文化色彩匮乏，导致规章制度缺少公平，同时，显现出突出的功利性，表现了全体师生与校领导之间的协作关系被忽视。或是配套制度不完善，缺乏完整性，如某方面的制度缺乏实际落地的支持，进而导致有规章却不能执行。或者是制度本身的内容残缺不全，无法将适用、有效的道德规范和行为准则明确固定，对制度创新和制度文化建设形成阻碍。

（二）高校制度文化建设的民主参与意识不强

人人主动管理和人人参与管理是校园规章制度民主化的基本体现。校园制度文化的民主化程度主要通过制度的客观公正性、内容利益代表性、实施过程的民主性来展现。目前，集权金字塔模式的行政管理手段广泛应用于我国高校内部管理，大大降低了学校师生对制度建设的民主参与意愿，参与度普遍较低，进而导致制度文化建设缺乏民主性、普遍性、透明性。加上部分师生缺乏制度意识，制度观念落后，甚至对制度置若罔闻，出现对制度不认同、不执行、不落实的现象，导致制度有名无实、流于形式，这一现象也侧面反映出高校制度缺乏强有力的监督机制。

（三）高校制度文化建设缺乏系统性、权威性和连续性

高校校园制度可以由学校、各职能部门以及各院系自行颁布，可以以正式和非正式文件发布，这一多层次特征注定了制度多重管理的局面，存在内容重叠的

现象，系统性不足。同时，高校对制度的数量给予了过多的重视，而忽略了制度的质量，制度条款将师生放置在对立面来支配和控制，成为制约师生道德发展的一道枷锁。与此同时，制度制定过程中，高度关注了管理者的管理意志，制度完成后鲜有征求执行意见或建议，导致师生对制度的认同感大大降低，在制定的执行过程中如果不能严格按照程序执行，会极大地削弱了制度的权威性。也正因如此，随着领导的更换，规章制度就要面临修改或者重新制定，破坏了制度的连续性，进而使其可执行性受到影响，从而陷入“说起来重要，做起来次要，忙起来不要”的恶性循环。

（四）高校制度文化建设缺乏“以人为本”的管理理念

高校制度文化建设在校园文化建设过程中占有重要地位，是校园管理法制化、合理化的重要手段，也是促进师生思想道德素质自然提升的催化剂。但是，目前多数高校在校园制度文化建设进程中违背了“以人为本”的管理理念，更有甚者，学校制度文化的价值取向直接以部分高校领导的个人意志为基准。注重惩罚、轻视奖励也是部分高校在制定制度时常见的现象，表面上获得了权威，实际上却会破坏学校规章制度的良性循环，尤其是规章制度过于严厉，惩罚过重，造成人人自危的局面，致使校园失去应有的活力，与“以人为本”的管理理念相违背。

六、高校校园制度文化建设的措施

（一）建立完善的高校校园制度文化体系

制度建设在高校建设进程中发挥着根本性和基础性的作用。制度建设是现代大学制度文化建设的载体和突破口。大学的良性发展建立在快速有效的制度供给基础之上，通过制度实现对大学生行为规范的约束、引导和激励，降低道德成本。高校可以通过这几个途径完善校园的制度文化体系：一是借助校园网络、广播、校报广泛开展宣传，开展法律知识、制度常识普及活动，提升师生的法治意识；二是切实落实民主集中制，赋予师生参与各项制度的制定权和询问权，进而培养其制度正义思维、制度平等思维以及制度约权思维等。通过将“自下而上”变为“自上而下”与“自下而上”相结合的方式，在制度的实施过程中增强民主性。固然，高校制度需要秉承与时俱进、持续创新的原则，围绕公平、客观、科学、规范的目标适时进行修订、完善和补充，以实现制度文化体系的不断完善。近两年，湖南第一师范学院颁布实施了人事分配制度改革方案，此方案经历了初稿拟定、意见征询，意见收集与反馈、方案修改，方案试行、意见再征集、审核修改的全过程，在此过程中学校遵循民主集中制原则开展意见征询，使每一位师生的主观能动性得到充分发挥，切实提升师生员工的制度平等和参与意识。

（二）依法治校，提高校园制度文化建设的权威性

依法治校是推进法治国家建设进程的基本体现。高校校园制度不仅要遵循法律法规，还要为校园制度文化建设提供良好的基础。所以，高校的规章制度势必要符合实际，维护广大师生员工的合法权益，突出制度管理，削弱人为管理的影响，确保其权威性；并做到“有规可依，有规必依，执规必严，违规必究”，实现学校有序、规范、高效运行。以湖南一师为例，自升本以来，该校加强了党风廉政制度建设，以制度为依托，在党员队伍中开展廉洁自律主题教育，发挥党员及干部的模范带头作用，与此同时，以学院共青团工作平台为基础，面向师生开展“廉政进校园、廉政进班级、廉政进寝室”和“清风书画展”活动，通过有效实施制度强化了制度的权威性。

（三）突出校园制度文化建设中师生的主体地位

“以人为本”是现代大学最为根本的办学和管理理念。搞好管理的关键在于坚持将学生和教师放到第一位，做到保障个人权益，约束公共权益，尊重人性特点。所以，尊重人权、充分考虑人的需求、促进人的发展，是校园制度建设应遵循的原则。学校制定各项规章制度过程中，应在坚持制度制定的原则基础上，充分考虑人性特征，将二者有机融合，从而制定出全体师生能够接受的制度文化，同时尽力规避惩罚性制度，在管理育人过程中彰显人文关怀。全体师生员工在校园文化制度建设的主体地位不可动摇，他们是校园文化制度的建设者。因此在校园制度文化建设过程中，全体师生、员工、校园管理者彼此之间应互相学习、取长补短、相互熏陶，营造适宜的制度文化环境，为校园制度文化的良性发展创造基础。以湖南一师为例，围绕尽可能杜绝大学生因贫失学这一目标，该校在学费缴纳制度中充分考虑了贫困大学生的需求，通过奖、贷、助、减、免等渠道为贫困大学生开通绿色通道，彰显了“以人为本”的校园制度文化理念。

（四）重视对高校社团制度文化建设的指导

高校非正式群体文化代表之一——社团文化，在高校校园制度文化建设过程中有着举足轻重的作用，可将其视为高校校园制度文化建设的突破口之一。高校中社团类型丰富，社团的管理机制和财务管理制度的建立和完善，可以激发学生的兴趣，使其个性和特长得以施展，不断丰富知识才能的同时，使其情操得到陶冶和熏陶。因此，重视高校社团文化的建设对校园制度文化的建设起到良好的引导作用。其中，在指导高校社团发展时，实践类社团需要被给予足够的关注，因为通过组织开展广泛的社会实践活动，可以使学生学以致用，将课堂学习的理论知识与社会实践紧密联系起来，认清个人在社会中的位置，根据社会发展需求持续磨炼、塑造自己，进而更好地适应社会发展的需要，为祖国的发展奉献自身力量。

第二节　高校校园行为文化建设管理

一、高校校园行为文化的相关概念

（一）行为

行为指的是人们对内外部刺激本能作出的回应活动和为了达到某种目的而自觉产生的活动。换而言之，行为是人们在内置生理和心理作用下表现出的本能和自觉的外在活动，是人和环境共同作用下产生的外在表现。

（二）校园行为

校园行为指的是在教育系统中成长发展出来的文化行为总和，通过校园主体的活动得以展现。它包含师生员工在学校日常生活（如教学、学习、生活、科研及文体活动等）中表现出的精神风貌、行为准则和文化素养。它是学校风貌、精神面貌和人际关系的动态反映，同时也是学校创办理念、价值观和学校风格的动态体现。

（三）校园行为文化

校园行为文化指的是广大师生在校园的工作、学习和生活之中表现出的经验和创新性活动，该活动对校园文明、校园文化和学校的发展起到了积极促进作用，是有贡献和价值的。高校校园行为文化是高校传统风貌、精神状态、人际关系的动态反映，也是校园风貌、创办理念、师生综合素养的体现。优良的校园行为文化可潜移默化地影响着师生员工的行为方式和思维模式。换而言之，学校师生的工作质量、学习热情乃至学校的发展路径都会受到校园行为文化建设的直接影响。

二、高校校园行为文化建设的内容

高校校园行为文化建设主要由学术文化建设、科技文化建设、艺术文化建设、阵地文化建设和网络文化建设等几个方面组成。

（一）学术文化建设

大学是知识的海洋，是开展高深学术探讨的地方。在这里，真理与学问被尊重和推崇。所以，高校校园文化建设的主要内容是学术文化。学术文化不仅仅是学校学术特色的体现，更是学校学术水平的反映。在校园文化建设进程中，学术文化建设是首要任务，高校可以在创办学术专题讲座、举办读书研究活动、激励学生创办学校期刊等方面下大力气，进而创建别具一格的校园学术文化。

（二）科技文化建设

得益于大学生创新精神和实践能力培养工作的逐步深入，大学生的学术研究和科研活动近年来得到了高校的广泛重视。全国“挑战杯”科技作品竞赛、创业设计大赛、电子设计大赛等各类科技活动开展得如火如荼，高校通过组织学生参赛，促进学生持续提升学术科技水平，进而形成了积极参与课外学术科技活动的浓厚氛围。大学生通过参加此类活动，开展各类学术研讨和科学研究，促进了自身对课堂所学的理论知识的深入理解，同时也培养了自身的科研和创新能力；与此同时，也有助于个人优秀品质的培养，比如对待学术严谨的态度、对待工作勤勉的作风、面对困难顽强的毅力等，为个性的全面发展提供基石。

（三）艺术文化建设

文娱活动在高校校园中较为普遍，艺术文化建设自然也成了高校校园文化的不可分割的一部分。当前，舞蹈、演讲、演唱、征文、摄影、辩论、书法、模特等主题比赛以及文艺晚会是高校校园中较为盛行的文娱方式。组织开展校园文化艺术活动是实施文化素质教育的体现，在此过程中，学生的思想情操受到熏陶，艺术和人文素质得到提升，校园文化素养也得到了提高。但是需要关注的是，高校需要对文艺活动的开展情况进行调控，通过适当的方式展开引导，必要时以制度作为约束手段，防止部分学生过度沉迷于各类文艺活动。

（四）阵地文化建设

高校成立的各类学生活动中心，如学生科技活动中心、健身健美娱乐中心、学生心理咨询中心、学生计算机技术指导中心、学生勤工助学指导中心和文学艺术创作中心等，为学生课外生活的丰富、创新意识的培养和实践能力的提升提供了充足的空间。与此同时，高校在社团组织建设方面下大力气，充分利用社团组织使校园文化进一步丰富，为学生的课余生活增添色彩，培养学生的兴趣爱好，提升学生的道德素养，引导学生积极参与社会实践，提高学生的专业技术能力。

（五）网络文化建设

当前，互联网与大学校园生活已经深度融合，互联网已经成为大学校园生活的重要组成部分，网络的力量在于它对高校师生员工的价值观、人生观、世界观有着深厚的影响，但同时传统校园文化建设的思维方法和工作方式也因为网络的存在面临着严峻的考验。此种形势下，如何抢占思想阵地的制高点就显得尤为重要，高校可以通过规范网络管理、开创红色网站等方式加强网络文化建设，用积极向上、阳光健康的思想文化占领网络阵地。

三、高校校园行为文化建设的意义

学校在建设和发展的实践历程中，伴随师生员工在创造校园物质财富和精神财富时进行的全部活动和外在动态反应可称为校园行为文化。它主要包括师生员工在学校教育、科研、教学、体育、学习、娱乐及生活等活动中所表现出来的精神风貌、行为准则和文化素养。校园行为文化是师生员工的作风、精神面貌和人与人之间关系的动态表现，也是学校办学理念、精神风貌和价值观的动态反映，是校园文化不可或缺的一部分，对全局性的校园文化建设意义非凡。

（一）校园行为文化是校园文化的主要组成部分

校园文化由四个部分组成。第一部分是物质文化，主要是指校园物质环境，这是精神文化结晶方式的载体存在；第二部分是制度文化，主要是指各项学校纪律规范、道德规范与行为守则、人际交往活动的方式；第三部分是行为文化，主要指师生员工的行为模式、生活形式、各类组织和社团的活动以及据此表现出的精神风貌等；第四部分是精神文化，这里主要是指师生员工的世界观、价值观、人生观和审美情趣等。其中，行为文化是校园文化的指示器和校园的“活文化”，是校园人进行各种活动或行动时的动态反应，主要通过日常教学、学习和工作等活动展现出来。在以上四个部分中，校园行为文化占有不可或缺、无法替代的地位。校园文化的四个部分互相交织联系，其中存在着统一与对立的辩证关系，任何一个部分都不能独立存在。首先，校园行为文化是校园精神文化的具体体现。校园精神文化是一种精神文化形态，需要通过校园行为文化这个“活文化”来演绎。行为文化是一所学校的学风、教风、校风以及学校师生员工的精神风貌的直接展示，是校园精神文化最为真实生动的诠释。其次，校园行为文化是对校园制度文化的检验。校园制度文化主要是学校制定的各类规章制度用来规范和约束校园人在校园内行为，积极正面地引导校园人形成良好的行为习惯和生活方式。校园制度文化建设科学与否，是否符合时代需求，可以通过校园行为文化进行检验。最后，校园行为文化促进了校园物质文化的发展。一方面，校园行为文化可以直接使校园物质文化得到提升，引领校园物质文化发展方向趋于更具文化品位。比如“青年园”“共青林”等创建活动，使校园得到直观的美化；“文明宿舍达标创优活动”不仅可以改善学生宿舍的硬件设施，还可以使学生宿舍的软环境得到优化。另一方面，提升校园物质文化的同时，也为校园行为文化活动的开展提供了更加良好的空间。

（二）校园行为文化是满足师生精神文化需求的重要形式

校园行为文化的重要作用之一便是愉悦身心。多姿多彩的校园文化活动为大学校园内的师生活动增添了令人神往的色彩，尤其是娱乐、艺术、体育类的活动频繁举办。随着科学的不断进步和国内经济的飞速发展，社会对大学生的综合素质要求日趋高涨。广大学生为了更好地适应社会发展需要，求知若渴，学习科学文化知识的热情高涨。但目前大学生普遍面临较大的学习压力和竞争压力。所以，如何有效避免或减低因此类压力导致的负面效应，通过劳逸结合的方式提升学习效率等问题，成为亟待解决的现实问题。机械式的“三点一线”生活方式已经不符合当代大学生既定的年龄和心理特征，也不能满足其对丰富多彩大学生活的追求。多姿多彩的校园文化活动会使校园生活充满生机，比如组织球赛、音乐会、棋盘比赛、文艺会演等活动。在紧张的工作和学习之余，这类活动可以让师生得到适当的放松，进而以更加饱满的精神面貌开展工作和学习。除此之外，师生的精神文化需求也主要通过校园行为文化来得以满足和实现。通常来说高校师生具有较高的文化层次，对精神文化的追求比其他群体更为迫切，内容要求也更高，因此也对校园文化活动的多样性、层次内容等方面均提出了更高的要求，也是校园文化活动区别于社会大众文化活动的主要原因，校园文化活动往往更具有智慧性，思想教育成分居多，格调更加偏向高雅。

（三）校园行为文化是提高学生素质的重要途径

校园行为文化与课堂教学互为补充，二者的有机结合促进了学生综合素质的提升。一方面，在学生思想道德素质提升层面，校园行为文化建设的作用是课堂教学不能替代的。校园行为文化建设的初衷是满足学生的精神需求，通过多姿多彩的活动展现素质教育内容，是课堂理论的实践运用，以润物细无声的方式渗透学生的心灵。与此同时，学生作为校园行为文化的参与主体，思想上更容易与校园行为文化产生共鸣，尤其是以现实生活为题材的校园行为文化。例如，某些学校举办的“校园内十大不文明现象”“和不文明现象做斗争，争做文明大学生”评选活动，在校园内发起了一场崇高的思想道德与不文明行为之间的战争，在一定时期内学生的综合素养得到了明显的提高。校园文化行为对学生科学文化素质的提高同样发挥了举足轻重的作用。学生可以通过广泛参与课外文化活动，持续丰富完善自我知识体系。另一方面，校园行为文化为学生综合能力的培养提供了平台。大学生最终都要走向社会，其生存和发展能力需要顺应时代的发展和需要才能提升竞争力，如分析和解决问题的能力、语言能力、协调能力、组织能力、管理能力、与人沟通的能力等。仅仅依靠课堂教学是无法完成这些能力的培养的，然而，校园行为文化却能为这些能力的培养提供途径和平台，包括对专业技术能力的培养和提升。将学生在课堂中所学的理论知识，通过组织、参与校园行为文化将其转化为社会实践加以运用，为个人综合素质的提高提供舞台。

（四）校园行为文化是师生了解社会的重要载体

象牙塔是人们对大学的俗称。然而，随着社会的持续发展，改革事业在我国各层次的稳步推进，社会主义市场经济体制日趋完善成熟，大学作为社会整体的一部分，与社会完全接轨势在必行，只有与社会深度融合和渗透，才能更好地了解、适应和顺从社会的发展需要，为社会主义建设发挥光和热，这也是社会主义新时代对高校全体师生的生存和可持续发展提出的最为基本要求之一。现实中，高校的师生受到教学内容固定性、滞后性、连贯性等固有特征的限制，使其没有办法更加深入地与社会融为一体。然而，校园行为文化却可以弥补这一不足，利用其灵活性、敏感性的特点，作为将社会热点、动态引入校园的实际载体，帮助师生达到“融入社会”的目的。如将社会热点、前沿动态、最新科研成果等通过系列讲座展现在师生面前，“现场模拟法庭”“模拟股市”“现场模拟招聘”等模拟社会实践行为也可以帮助师生更好地了解社会需求。

四、高校校园行为文化建设中存在的问题

（一）活动急功近利，流于形式

随着我国市场经济的高速发展，价值取向问题也变得多元化，进而对校园文化建设产生了较多的负面影响。一方面，社会的评价衡量体系偏重于物质性，校园活动也亦步亦趋，过度重视场面形式，而忽略了活动的内容自身的教育和文化价值以及对学生三观养成的引导作用。另一方面，目前的校园活动的组织和参与变成了一项工作任务，上级看重结果，下级疲于应付，师生参与活动的积极性不高，无法达到既定的教育成效。

（二）学生知行不一

国家和集体的利益高于个人利益，这一观点得到了大多数学生的认同，但在日常生活和学习中面临该问题时的实际反应却有所偏差。部分学生对待他人、社会和对待自己采用不同标准，对社会和他人的要求明显高于对自己的要求，言行之中充满了自私自利色彩，社会公德心、责任心较差，崇尚“人人为我”，忽视了“我为人人”。

（三）教职员工素质参差不齐

教师身教胜于言传。然而，当前高校教师队伍综合素质良莠不齐，无法起到模范表率作用。一方面，部分高职学校为了教学需求，大量从各行各业的一线专业技术人员中挑选任教老师，以实现学生技能的提升。然而，这些一线技术人员缺乏教师技能和素养，部分人员的言行与高校教育要求相差悬殊，比如讲课时吸烟、说话粗鄙的行为对学生都会产生负面消极影响。另一方面，随着高等学校后勤管理模式的变更，部分后勤岗位人员均是通过聘任制参与校园工作，与校园中专职教师和学生工作人员不同之处在于，这些职工对自己的言行要求标准明显低于教职工队伍，但是他们的言行举止却也代表着教师的形象，在缺乏制度约束的情况下，这些问题将大大削弱课堂教育成效。

五、加强高校校园行为文化建设的对策

校园行为文化与大学生日常行为之间互为促进的同时，又互为制约。校园行为文化对学生行为举止起到了引导作用，学生日常行为是校园行为文化的具体体现，所以，可以从以下几个角度创建良好的高校校园行为文化。

（一）挖掘校园行为文化内涵

行为文化本身有着丰富的外延和内涵，需要进行及时高效的挖掘。任何活动的开展都必须围绕着一个或多个主题，大学文化活动亦是如此，不能盲从。在校园文化的积累沉淀过程中，校训是最具有代表性的，它是校园文化的灵魂与精髓最为精准的反映。如清华大学校训“自强不息、厚德载物”，浙江大学校训“求是创新”等。这些校训对校园文化的发展有着深厚影响。各学校应致力于将校园核心的价值渗透到校园文化活动当中去，所以，在各类实践活动中，学校应努力自觉地将校园精神融入其中，通过活动传递、发扬和巩固校园精神。唯有如此，高校学生的优秀文化品质得以培养，走向社会之后辐射社会，持续推动精神文明的良性发展。

（二）丰富拓展行为文化

结合目前“00 后”大学生的思想行为特点与心理特征，进一步丰富拓展校园行为文化显得格外重要，可以通过加强社团文化和寝室文化建设加以实现。社团文化多样化，提升吸引力，可以作为学生思想引导的载体。按照性质和功能分类，可将社团文化活动分为政治理论类、技术创新类、道德实践类、艺术类、文学类等。近些年来，学生社团建设得到了政府各职能部门的高度重视，共青团组织、教育主管部门尤其明显，通过组织各类评比活动，引导社团的健康发展，如每年举办社团文化月、优秀社团评选、社团先进个人评选等活动，值得借鉴。

（三）正确引导互联网文化发展

网络文化是校园行为文化建设的一部分，加强网络文化的引导与监督，对大学生行为发展有着积极的促进作用。学校信息化建设持续完善，90% 以上的高校均已实现了校园各区域之间的网络交互。调查显示，70% 的学生平均每周上网 6～10 小时，网络成为师生日常交流的主流平台。但网络本身自有的虚拟性、隐蔽性特征使网络文化的健康发展成了新的课题。网络里的不良信息对学校的教育产生了较大的影响。所以，提高师生对不良文化的抵御能力格外重要，高校需要主动出击，抢占网络阵地，做好网络思想政治教育工作。然而调查显示，虽然当前思想政治教育网站开辟得较为广泛，但是内容缺乏吸引力，甚至有些高校关闭讨论平台以实现减少麻烦的目的，思想教育工作的开展无法满足学生的诉求，高校管理者应更积极地参与其中，以学生喜闻乐见的形式提升工作成效。

（四）积极引进社会行为文化

目前，高校的教育模式多以就业为导向，结合社会对人才的需求，在教学过程中融入实践实现学以致用的目的，提高就业核心竞争力，引导学生健康成长。在此基础上，学校应以更加开放的态度将更高层次的文化引入其中，提升学校的整体文化素养。在文化引入过程中，“服务地方经济发展”的导向需要得到更多的关注，虚心借鉴、吸纳地方文化的精髓实现文化融合，进而提高自身文化的层次。

第三节　高校校园物质文化建设管理

一、高校校园物质文化的相关概念

（一）物质文化

物质文化的本质是物质产品及其所显现的文化，物质产品是为满足人类生存和发展需要所创造的，包括饮食、建筑、服饰、交通、城市、乡村，以及生产工具等，是文化要素或者文化景观的物质表现。

（二）校园物质文化

校园物质文化是校园文化的重要组成部分之一，它包括学校建筑及其特征，如造型、布局、颜色等，用于教学工作的设备设施，校舍的大小，教室的布局，校园绿化，教职工的服饰，学生的校服，校旗，校徽等。简而言之，高校建设硬件设施的配备构成了高校的校园物质文化。

二、高校校园物质文化的内容

高校校园物质文化主要包括三个方面的内容：一是优雅的自然环境文化，主要是指校园选址、建筑布局、校园绿化、环卫净化等；二是完善的设施文化，主要是指教学办公设施、科研实验设备、图书馆、网络系统、后勤生活装备等；三是正向的方式文化，指的是传承精神文化的物质载体，如宣传标语、名人名言名画、重要人物的雕塑、校园文物、校史馆等。

三、高校校园物质文化的特点

（一）传承性

世界上任何事物都不是孤立的个体，万事万物之间都存在着交织交错的关联，在历史的长河中前后关联、相互依存。高校校园物质文化也不例外，需要继承、延续历史文化并加以创新。文化传承在高校校园物质文化中扮演着重要的角色，是高校校园物质文化的基石。高校校园物质文化是学校发展历程中的沉淀和积累，比如具有特色的教学楼就是在高校发展进程中持续更新迭代，持续提升与学校发展匹配度的物质文化形式；可以称之为一种特殊的精神标志用来彰显与其他学校的区别，也是一种强劲的精神力量督促着高校人开拓进取。一方面，加强对过去历史的继承有助于高校校园物质文化的建设。另一方面，强化对已有的自然风貌的传承也为高校校园物质文化建设提供了途径，自然界的花草树木为人们亲近自然、爱护自然提供了物质基础，是人类的瑰宝。高校校园物质文化的历史传承为高校的发展提供了基础，让校园人对教育光辉产生了更为直观的感受，为教育光辉的发扬奠定了基础。

（二）多元性

高校汇聚了各类文化精髓，风格迥异的建筑、设备、地域文化的冲突造就了高校校园物质文化多元性的特征。高校校园物质文化涉猎内容广泛，形式丰富，范围宽广。当代高级知识分子群体是建设高校校园物质文化的主体，他们思想活跃，观念迭代更新及时，大学生还同时具备高知和年轻的特点，他们视野广阔、思维敏锐、精力充沛，因此，高校校园物质文化的内容丰富、形式新颖。比如高校主楼的设计，世界上各个院校的设计无一雷同，尽管有些主楼的设计风格类似，但是也于细微之处融合了高校的文化特色。

（三）承载性

高校在日常教学、科研、生活中表现出的文化氛围特色可以称为高校校园物质文化的承载性，这种文化氛围通过校园物质文化这一载体辐射四面八方，熏陶和感染着身处其中的人们。高校中一些区域、建筑、雕塑等会因为高校的日常生活会而产生灵性，使身处其境的人自觉产生学习、钻研、拼搏的欲望，这些物质就是高校文化的代表，承载了高校文化。

（四）地域性

社会自然环境不同，高校校园物质文化也有不同的表现。高校是文化的先锋，北方风格粗放，南方风格细腻，高校校园物质文化会充分迎合周边环境，并根据该环境持续塑造自我形象。一方面，人文文化是基于当地客观环境而生，物质文化作为人文文化其中的组成部分，也应该迎合地方特色。另一方面，高校校园物质文化建立在当地社会环境和人文环境基础之上，具有当地文化的传承，每个地区都有其特色。所以各地高校校园物质文化都蕴含了当地特色。

四、高校校园物质文化的功能

高校校园物质文化是当代学校教育的必然产物，是高校校园文化建设的组成部分。它在培养人才的过程所显现的功能可总结为：规范功能、心理功能、引导功能、育人功能等。这些功能夯实了学生塑造良好心理品格和树立正确的价值观的工作基础。

（一）规范功能

人总是生活在一定的物质环境中。广义的物质环境包括自然环境和居住环境。纯天然的自然环境在高校校园中已很少见，高校校园环境多为自然环境和人文环境的交互。所以，当代高校校园的物质环境透露着浓厚的人文气息，是人和自然统一的体现。正因如此，高校校园物质文化影响并制约着大学生的思想和行为。整洁有序、幽静雅致的校园环境促使学生心情平静，以更好的状态开展学习和生活，进一步产生自足感、自豪感和归属感。优美的校园环境可以促使学生对校园环境产生发自肺腑的热爱，提升保护环境的自觉意识，杜绝并抵制破坏校园环境行为。这样，学生就会逐渐形成自律意识和他律意识。

（二）心理功能

校园物质文化潜移默化的影响方式是大学教育的一种特殊手段和途径。首先，良好的校园物质文化给学生带来了积极的影响，不仅能促使学生积极主动地提升学习效率，还能有效促进学生身心健康发展并养成良好的心理素质。比如，恰当的校园布局、富有历史和世界文化内涵的建筑，整洁明亮的教室，书香弥漫的图书馆、干净整洁的宿舍、花树相伴的校园小路、激情四射的运动场、活力满满的学生活动中心等，在削弱或消除学生学业疲劳之余，还能增强学生对美好学习生活的感受。与此相反，低劣的校园环境会对学生的心理产生消极的负面影响，甚至是破坏性的影响。例如，充满噪声和垃圾的校园环境，会使学生产生压抑、烦躁、厌学甚至自卑等一系列不良情绪。意志薄弱的学生还有可能出现心理障碍、心理疾病、悲观厌世或犯罪等现象。综上所述，良好的校园环境犹如“润物细无声”的春雨，于无声之中影响着学生成长，促使学生持续完善自我，健康全面发展和成长。在当今社会价值观念多元化、高等教育国际一体化加快的趋势下，我国的高校校园无不受到外界环境的影响，而校园物质文化可以说是屏蔽社会恶劣风气的一道天然屏障。

（三）引导功能

建筑是校园物质环境的主体。大部分高校的建筑都独具特色，并蕴含历史和文化色彩，默默地教育着学生的思想品德，传递着文化和素质教育理念，影响着学生的思想和行为。所以，尽管校园建筑不是大学的最主要的象征，但如果在其建设过程融入了人文内涵，就会激发它独特的教育功能，使之成为鲜活的课堂。比北京大学的红楼，作为中国青年运动发祥地，其无时无刻不散发着民主、自由、独立思考、宽容大度、追求科学创造等文化气息。让身处其境的人树立正确的思想观、价值观和人生观。由此可见，校园环境对学生的引导作用时刻并且长期存在。

（四）育人功能

大学人文素质教育包含了艺术鉴赏力和审美能力，而校园物质环境是学生文明行为和审美能力培养的无声课堂。校园建筑群蕴含着自然美、人文美、结构美，其本身就为艺术鉴赏力和审美能力的培养提供了素材。在不知不觉中，学生享受美丽校园的同时提升了艺术鉴赏力和审美能力。这是校园物质文化育人功能的重要体现。

五、高校校园物质文化建设存在的问题

校园物质文化是历史文化优良传统的积累和沉淀，也是学校价值观念的反映，尤其是教育目标的价值取向，包含着较大的教育功能。学生不但了解了组织群体的审美观念，而且还从物质景观中领悟了特定的文化内涵，校园物质文化潜移默化地影响着学生的态度、情感和价值观。然而当前我国一些大学的校园物质文化建设违背了大学的本质与自身的特色，出现了这样那样的问题。

（一）局部环境个性化不鲜明

校园局部环境的个性化成熟度是影响校园环境文化品质的因素之一。局部环境相同的情况在高校中较为普遍，高校需要在围绕建筑物营造个性化的周边环境方面深入推进。

从空间维度来看，在垂直绿化、立体绿化、室内绿饰方面还存在很多可以改进之处；从季节维度来看，尚不能完全实现四季常青。例如室内公共环境与室外公共环境重要程度相似，但往往被忽略。

（二）不能因地制宜进行建设

部分高校在校园环境建设过程中，不管与校园环境相适宜与否，照本宣科，将已有的景观作品进行缩放，或者直接原状模仿引入校园，不仅有抄袭之嫌还淡化了景观的美感。文化景观关键在于创新，唯有那些样式新颖、自然并与地域环境自然融合的校园环境文化建设才更具活力，才能对大学生素质的提高发挥真正的作用。

（三）忽视了大学生的心理需求

除了一般审美要求，如知识性、对比性、和谐性之外，当代大学生对文化景观环境的要求有所拓展，比如要具备新奇性、多样性和丰富性，追求的是思想深处的物质，开阔视野。例如，一个普通塑像已经不能算作是景观环境，必须要求该雕塑符合校园的文化氛围，外观协调优美，能够与周围环境充分融合。

（四）师生参与程度低

师生参与校园物质环境建设的内涵，不仅包括了师生对环境文化的要求和解读，还包括了师生对环境建设和拓展的行为过程。从某种角度上讲，师生参与度与环境文化的亲和力成正比。从根源上说，师生参与度低的主要原因在于没有深刻理解环境的育人功能，引导师生参与的方式匮乏。

（五）整体规划和组织管理水平有待提升

校园物质环境的设计者和管理者对环境的认知程度决定了校园物质文化规划的合理性和管理水平的高低，校园里每一处景观都具有立体性，需要有长久的规划。高校只有具备良好的文化素养和视野，才能创造出人文与自然和谐共存的校园环境文化。

六、高校校园物质文化建设措施

（一）提高高校校园物质文化的认识水平

矫正并提升人们对高校校园物质文化建设的认知，建设才会变得更有意义，首要应该正确处理好下列关系。

第一，做好本土文化与外来文化的融合，处理好二者之间的关系。一方面，优秀的外来文化所具有的个性特征和其宣扬的自由文化受到了广泛好评，高校校园物质文化建设可以借助这些特点补充融入本校的“特色”；另一方面，高校以培养中华民族接班人为目的，最终需要有本土文化的滋养。外来文化对高校校园物质文化建设的支持作用主要取决于以下几点：首先是受到国际环境的影响，我国作为联合国的常任理事国之一，始终扮演着外交大国的角色，文化融合是外交使命之一。其次是受到文化传播速率的影响，国内外高校科研、教学信息的高速传递、共享和交流，为文化的广泛传播提供了基础。再次是受到年轻人接受新鲜事物程度高的影响，年轻是高校主流群体的特征，可以快速地接受新鲜事物，外来文化可以用来作为特色文化去熏陶、感染高校人。最后是受到政治需要影响，例如国家在高校课程中设外语教学等。本土文化对高校校园物质文化建设的支持更为重要，本土文化是本土人也是本土高校创造的，因此，高校于本土诞生和发展，离不开本土文化。高校特色校园物质文化建设过程中，需要做好本土文化的保护，比如对校园内古建筑的保护和利用等。

第二，重点做好体制变革前后文化的发展和延续。一方面，变革前的优良传统文化，比如革命传统、优良作风等都是中华民族的传家宝，不可丢弃。另一方面，变革后随着社会发展需要，以及国家经济情况的转变，新兴的文化、文明也需要吸纳。革命传统是高校校园物质文化建设的理论基础。首先，中国共产党是一个优秀的党、先进的党，具有优良的革命传统，高校校园物质文化建设需要继承艰苦奋斗、自力更生等传统，以党的革命传统作为行动指引。其次，高校以培养社会主义的接班人为目的，需要继承优秀的革命传统文化。高校校园物质文化建设同样也离不开新兴文化的支持。

（二）加大高校校园物质文化的经济投入

高校建设的经济投入出现的问题主要有两方面，一方面是经济投入不足，另一方面是投入的分配比例不合理。加大经济上的投入、合理的经济投入，一定会使高校校园物质文化建设产生一定的变化，具体从以下两方面着手。

一方面是整体性的经济投入提高，对几个主体项目加大投入：高校校园物质文化进行的是有灵魂的特色项目，其设计费用和建设费用都应该有所提高；为了更好地开展科研、教学，实现“校园科技风景线”，建设完善各种教学设施，经费应该提高；校园绿化投入的经费需要加大，个性化建设投入增加，具有感染力的项目投入增加，将校园绿化作为重点经济投入对象，加大适合本地生长的植被购买经费的投入，将校园建设园林化、公园化。

另一方面就是加大特定的高校校园物质文化建设的预算，例如，修建的具有本校特色的雕塑、图书馆等，单独拨出专门经费，专款专用，形成针对性强的资金投入。建设完毕后，及时对各个方面做出总结，找出大学生的学习成绩、高校的科研业绩以及大学生的就业率与经费投入之间的关系。

（三）增强高校特色校园物质文化建设的社会宣传力度

增强高校校园物质文化建设必要的社会宣传力度，就要向公众展示其具有的“正能量”，让公众认为其成就会给社会带来福音，具体来讲，要做到以下四点：一是，充分展示现有的高校校园物质文化，加大对外宣传力度，使更多的人认识本校；二是，狠抓教学和科研，通过真实的成绩来吸引公众，使之关注本校；三是，利用媒体等通信手段宣传本校已有的特色物质文化和未来几年的建设目标，虚心向社会采纳建设意见，进而赢得关注；四是，加强对本校的思想政治教育工作，用各种方式让本校师生和社会公众在思想上对本校的工作有一个认可，间接为本校做宣传。

第四节 高校校园精神文化建设管理

一、高校校园精神文化的内涵

高校校园精神文化是一种隐形文化。对于高校校园精神文化的界定，有学者认为，校园精神文化主要是指高校师生的道德、习惯、传统、人际关系、世界观、人生观、价值观、审美情趣、集体舆论等；也有学者认为，校园精神文化是主宰整个大学师生员工思想和心态的精神倾向，它集中体现在大学师生员工的世界观、人生观、价值观和道德观上，集中反映大学师生员工的整体面貌等。

不管哪种说法，都说明了高校校园精神文化是高校在长期的文化演化中，对各种优秀文化要素的选择、抽象和积淀，并最终成为高校师生内在精神力量的源泉。它的内涵主要包括一所高校的历史传统、人文精神和科学精神等。

（一）历史传统

历史传统是指一所高校在长期办学过程中逐步形成的体现一定的价值取向、目标认同和思维向往的一种高校校园精神。

（二）人文精神

高校人文精神以爱国主义、社会主义和集体主义为核心。高校校园人文精神涉及面非常宽泛，包括政治的、思想的、道德的、哲学的、文艺的等各个方面。它大致体现在对理想的、人格的、操守的推崇。高校校园文化的人文精神能促使大学生成长为心中有明确追求标准而确立操守的人，能在纷繁复杂的世态万象面前，以科学的态度分析一切、看待一切。

（三）科学精神

科学精神包含去伪存真、实事求是、怀疑批判、理性实证。传承科学文化知识是高校教育的主要任务，弘扬科学精神应是高校校园精神文化建设和发展的重要方面。

二、校园精神文化的特点

校园精神文化与校园文化的其他组成部分和其他组织的精神文化构成相比，有着自己的特点。

第一，继承性。校园精神文化是高等学校在几十年甚至上百年发展过程中不断传承下来的历史积淀，如北京大学“爱国、进步、民主、科学”的校风，清华大学“自强不息、厚德载物”和辽宁大学“明德精学、笃行致强”的校训，都体现了这些高校校园精神文化的历史继承性特点。

第二，时代性。校园精神文化的特点不仅要表现自身的历史继承性，也要表现与时俱进的时代性。当前，校园精神文化建设就是要体现出高校“以人为本”的发展理念和建设和谐校园的目标，校园文化作为社会主义先进文化的重要组成部分，也要以自身的和谐建设和发展，为实现社会主义文化的大发展大繁荣而努力。所以，校园精神文化要表现出与时俱进的时代性，既批判继承又发展创新，既吸收东西方文化精华，又要应具有中国特色。

第三，独特性。与其他社会组织的精神面貌和风格相比，高校的校风学风有着自己独特的内容。高校作为“研究高深学问”的文化和教育单位，与其他的社会组织有着明显的区别和差异，表现在精神文化方面，就是高校校园精神、办学理念、校风等方面的个性和独特性。所以，高校在内涵、内容等方面都有着与企业、政府不同的独特风格。

第四，创新性。创新是民族进步的灵魂，是国家兴旺发达的不竭动力。创新也是校园精神文化建设的精髓，培养和发展创新精神是校园精神文化理应追求的教育目的。首先，校园精神文化自身的发展需要不断创新；其次，创新型人才培养也是高校的基本任务和目标，为了实现这一目标，校园精神文化必须构建创新氛围，以创新精神熏陶、召唤、激发大学生的创新意识，并不断增强大学生的创新和实践能力。

三、高校校园精神文化的功能

高校校园精神文化作为高校校园文化的核心，除了具有高校校园文化的一般功能，还具有导向功能、凝聚功能、激励功能和规范功能。

第一，导向功能。高校校园精神文化是学校精神的一种载体，体现着校园主体的思想意识和价值观念，这对高校学生具有重要的引导作用。它首先是一种目标导向，即引导校园主体向着一定的目标奋斗，既包括高校文化建设的目标，又包括社会文化建设发展的目标；其次是价值导向，即让广大师生形成一致的价值取向，并逐渐实现高校及广大师生的价值追求。

第二，凝聚功能。校园精神文化所蕴含的价值观念、道德观念一经全体师生认同和接受，就能够产生一种向心的内聚力，可以促进师生团结，增强校园整体合力和凝聚力。这种合力不仅可以把校园人的行为、感情凝聚起来，而且对高校的整体发展也能产生推动作用。

第三，激励功能。高校校园精神文化的激励功能主要是通过高校的校园精神、校训、校歌、校友等表现的，这些载体所包含的精神内涵和价值能够使校园广大师生不断进取、不懈拼搏、自强不息、开拓创新，激励全体校园人为了共同的目标而努力进取。校友，特别是知名校友，作为校园精神文化的传承者和践行者，能为学生树立榜样，对学生产生越来越大的引导、鼓舞和激励作用。

第四，规范功能。校园精神文化的规范功能具体是指它对校园主体具有的行为规范和行为约束的功能。校园精神文化明确表达着学校所提倡的价值规范、道德规范，对师生的行为“应该做什么”“允许做什么”“怎样做”等问题有着明确的提倡或约束。此外，校园精神文化表现在学校的管理制度、服务制度上，更是以条文、规章制度的形式规范、制约和保障着全体师生及员工的行为。如学校的校长负责制、导师负责制、学分制、考试制度、寝室管理制度等，都规范和约束着制度相对人的行为方式。

四、高校校园精神文化建设存在的问题

高校校园作为我们国家的最高文化聚集地之一，越来越引起有关部门和各界领导的重视，并且，其主导着高校校园精神文化建设。但是不得不否认，在当前的校园精神文化建设中存在着诸多问题。

（一）校园网络文化造成的影响

自 21 世纪以来，信息科技已经成为人们生活工作中不可或缺的一部分，但是网络给每位大学生带来的价值取向既有积极的影响又有消极的影响。现如今，在大学校园里的每一个人都离不开手机，它虽然能得到大学生想要的新闻、消息、知识，但却在一定程度上阻碍了大学生的思维发展，使他们容易脱离实际，沉溺于虚幻的世界中，对周围环境的意识和感受力逐步下降，不仅浪费了金钱，还导致了自我封闭。如果不加以引导，很可能会走入歧途。

（二）校园文化和大学精神的缺失

大学精神的缺失使大学校园精神文化的建设在价值观上倾向于实用主义。如今，大学精神衰微的现象频出，这是因为大学校园精神文化受功利化倾向的办学目标，不正统的官僚气息，缺乏独立意识、个性鲜明的办学理念等的影响。所以，大学校园精神文化建设为避免大学精神的缺失以及自身的误区，应遵循社会主义文化本质的基本要求，从而改进校园文化建设的引导方向，使大学校园的精神文化越来越繁荣。

（三）校园文化的机制不完善

就目前的形势来看，有的大学校园精神文化建设的机制未能达到科学理论范畴，不能将办学理念和精神面貌通过机制改变在校师生的行为准则，不能够完善大学校园精神文化机制，其主要是主导和制约了大学校园物质文化、精神文化所需的需求。在当前的大学校园精神文化建设的过程中，主体往往存在片面性，通过各种大学校园文化活动仅仅进行了形式上的交流，这样，既达不到想要实现的目的，更增加了师生乃至校园文化的负担。

五、高校校园精神文化建设的措施

（一）顺应时代潮流，坚持“以人为本”

21 世纪的社会、政治、经济、文化、生态的“五位一体”，决定着大学校园精神文化的基调。有着百年历史的学校乃至刚刚成立的院校，都顺应着时代的变化。建设大学校园不能脱离社会、时代，正是它们使我们的大学校园生活日益完善。汲取具有时代性的大学精神文化，坚持“以人为本”的观念，对人才培养、科技创新、社会服务、文化理念等高功能特效的发挥，引领我们在社会主义的道路前行。

（二）树立良好的校风

校风是一个学校各种风气的总和，在学校办学过程中长期积淀而成，是一所大学的灵魂和气质所在，它体现着学校的文化传统、管理水平和办学理念，是学校创品牌、树形象的重要保证。良好的校风既是教育和管理的成果之一，又在教育和管理上具有特殊的作用，它有一股巨大的同化力、促进力和约束力，促进学生个体成长。就外延而言，它主要包括学风、教风和工作作风。坚持“立德树人”指导校园文化，必须树立良好的校风。

学风是学生在学习过程中表现出来的治学态度。高校应坚持以学为贵、以知为重，帮助学生深刻了解求知对于推动社会进步、成就事业和完善人生的重要意义；形成自觉学习、积极探索、不断创新的人生态度和海纳百川的博大胸怀。

教师是教育和改革的实践者、开拓者，是中华民族文明得以传递的传承者、教导者，树立良好的师风对于校园文化的建设具有至关重要的作用。品德高尚的教师作为校园文化的传播者，言传身教；优良的学风更需要一些具有学术风骨、品德高尚的大师级人物以其品格、气质影响一代又一代的学生。此外，良好的工作作风也是优良校风的保证。

（三）开展丰富多彩的校园文化活动

建设以“立德树人”为核心的校园文化，需要以丰富多彩的校园文化活动作为载体，让学生在轻松愉快的氛围中树立良好德行。

第一，积极开展学生校园文化艺术节、科技文化节、学生社团文化节、社会实践、志愿服务等校园文化活动。以大学生艺术节、“挑战杯”科技创新作品竞赛、创业计划大赛、暑期“三下乡”社会实践等活动为载体，引导学生坚定正确的政治方向，提高思想道德素质和创新意识，丰富文化生活，推动学校形成厚重的校园文化和清新的校园文明风尚，使学生在日常学习、生活中接受先进文化的熏陶和文明风尚的感染，在良好的校园人文、自然环境中陶冶情操，促进自身全面发展和健康成长。

第二，开展寝室文化建设活动。宿舍文化是大学校园文化建设的重要组成部分，和谐宿舍对于青年学生的成长成才具有非常重要的作用。随着高等学校学分制的实行，以班级作为思想政治教育基本单位的情况正发生改变，寝室的育人功能更加突出。学校要通过开展多种形式的活动，探讨建设“美观雅致，文明理性，团结互助，积极进取”寝室文化的方法、途径，引导学生积极行动起来共建和谐寝室。

第三，广泛开展通识教育。通识教育作为造就具备远大眼光、通融知识、博雅精神和优美情感的人才的文明教育，是大学文化的应有部分，学校应广泛开展通识教育讲座，邀请校内外在人文、社科方面有造诣的专家，进行学术讲座，开阔全校师生视野，提供精彩的“文化盛宴”。

（四）凝聚师生心智，提炼大学精神

每一所大学的校园特色文化都与众不同，而大学精神文化是大学文化的核心。每一所大学对提炼大学精神都十分注重，使具有特色的大学校园文化建设得以推进。学校可以利用开学典礼、毕业典礼、校友会等一系列大型活动，在丰富其大学校园精神文化的同时，对大学文化精神进行探索、讨论、提炼，引导学校领导进一步宣传总结、培育校友、弘扬发展。使大学精神文化建设逐渐成为学校最重要的精神，有力地推进了办学特色和发展战略，建设海内外知名、具有特色的研究型、学术型、科技型的大学基础，提供强大精神动力及财富。

第六章　高校校园微文化建设

微文化对高校的学生管理和校园文化建设带来不小的影响，本章基于高校的校园微文化建设，分别对微文化的概念与特征、微文化的功能与价值基础、高校校园微文化建设的意义、微文化对大学生价值观的影响、高校校园微文化建设的现状与改革路径进行介绍。

第一节　微文化的概念与特征

一、微文化的概念

“人总是文化的人，人的世界在某种意义上就是文化的世界。”[①] 文化是我们日常生活的一部分，它对我们的思维产生了深远的影响。随着移动互联网的迅猛发展以及微型媒体的普及，一种全新的文化模式——微文化，正在悄悄地崛起。

从哲学的角度来看，微文化是一种提高人们思维能力的精神升华，它的内涵和形式将伴随着科技的进步而不断演进。究竟什么是微文化？

麦克卢汉认为：“每一种新媒介的产生和运用，都宣告我们进入了一个新的时代。”[②]2006 年，美国埃文・威廉姆斯创办了推特网，这一革命性的发展标志着微文化的开始，它的出现引发了一股强大的微博热潮，深深影响了美国社交媒体的发展，成为一种新的文化现象，奥巴马竞选总统时也在推特上开通了账号，与粉丝互动，塑造亲民形象，为大选最终获胜助了一臂之力。微博风暴很快来到中国，2008 年，中国大陆地区第一家微博网站——饭否网上线，但由于各种各样的原因，它并没有得到广泛的发展，最终不得不被放弃。2009 年，新浪门户网站发布“新浪微博”，借助名人的影响力，将微博的知名度提升，取得了巨大的成功。随着

① 衣俊卿．文化哲学 [M]．昆明：云南人民出版社，2005．

② 麦克卢汉．理解媒介：论人的延伸 [M]．何道宽，译．北京：商务印书馆，2000．

新浪微博的兴起，2010 年被称为“微博元年”。微博不仅仅是一个新兴的社交媒体，还是一个持久的社交媒体，各种微博呈现出迅猛的发展势头，仅新浪微博两年内就有 1 亿多名用户注册使用。微博成为社会热点话题的滋生地和扩散器，全国性的“围脖热潮”此起彼伏。

随着微博的普及，微文化的时代也随之到来。在此背景下，许多以“微”为名的理论和实践，例如“微课”“微小说”“微电影”“微公益”，迅速崛起，成为当今社会的热门话题。2011 年，腾讯公司正式推出了“微信”，这是一款集文字、图片、语音短信、视频聊天等多种功能于一体的手机应用软件。与微博主要是向未知的群体发表自己的想法不同，微信更倾向于向已知的群体展示自己的生活，并以其卓越的移动社交功能，迅速在中国大地走红。2022 年第三季度，微信月活用户共计 13.09 亿。微信的普及使得“微文化”从微博开始，经过“破土而出”的发展，不断壮大。“陆续加盟”在微信上迅速崛起，“无微不至”在微博上大放异彩。2010 年“微文化”被评为年度新词语，2011 年“微”被评为年度汉字，2014 年“微文化”被评为年度中国十大学术热点，这些都是微文化的广受欢迎在社会中的体现。“微”在 21 世纪的中国变得越来越重要，它不仅仅是一种文化象征，而且还被赋予了新的意义，使得“微”的概念成为一种潮流。

随着微文化的兴起，它已经成为当今社会的重要话题，受到了学术界的高度重视。因此，对“微文化”的概念的确切界定，已经成为当今社会的重要课题，而且也受到了越来越多的关注。目前，学术界对“微文化”的界定存在三种不同的看法。

第一种观点认为，微文化最早是在 20 世纪 90 年代，由一个叫“微”乐队的主唱麦子提出的。“微”乐队通过演出传播自己的微文化理念，宣扬“生命本微”“微即温暖”的“麦氏理论”，认为“微文化是一种积聚的力量，通过一些看似微不足道的行为，不经意间却改变了人们的生活”①。第二种观点认为微文化的起源可以追溯到微博，它涵盖了各种以“微”为特征的思想、观念和行为模式。第三种观点则认为，微文化是由多种不同的社会主体在以数字技术和网络为基础的新媒体平台上共同构建、传播、分享和交流的文化现象。

上述三种说法各有一定的道理。但是，第一种观点对微文化的界定不符合严格的逻辑规范，不能作为学术研究的基础，并且“麦氏理论”的核心侧重于将微文化与人性结合起来进行探讨，这与我们当前所感受到的微文化现象有一定差距。

① 石裕东，邢起龙．微文化内涵初探[J]．湖北工业大学学报，2013，28（3）：77—79，88．

第二种观点充分认识到了微博的出现对于微文化现象形成的关键性作用，并且对微文化的特征做了“注重个体和微观发展”的归纳，但还不全面和深入。第三种观点从传播学的角度来界定微文化，却忽略了微文化作为文化的本质特征。

本书认为，21 世纪以来，微文化的概念已经从传统的“文化”中脱颖而出，它涵盖了物质文化、精神文化和制度文化三个方面；它的出现反映了当今社会的发展趋势，并且受到移动互联网技术的影响；它不仅仅关注个体，而且还涉及社会的整体发展，从而形成了一种新的文化形态。微文化的形成和发展离不开物质文化的支撑，其中包括移动互联网技术、数字通信技术，以及掌上电脑、智能手机等设备的制造技术，它们构成了微文化的基本框架。精神文化强调以个人为中心，重视内在的情感、意志、价值观，以此来激励人们追求自我实现。而制度文化则强调以法治、社会责任、道德准则为基础，以此来促进社会的健康发展。

二、微文化的特征

随着移动互联网的普及，微文化已经成为一种不可忽视的社会现象，它不仅在当下受到广泛关注，也将会在未来产生重大的影响。因此，本书将从技术特征、精神特征和主体特征三个方面详细探讨微文化的特点，以便更加准确、完整地认识它。

（一）技术特征

马克思主义指出，物质条件对文化的形成、传播以及发展至关重要，而数字通信技术和智能手机、平板电脑等个人移动互联设备的出现，更加快了微文化的形成，构成了微文化的物质基础。技术的发展为微文化提供了强大的支撑，它不仅体现了简单、实用、便捷的特质，还能够激发出更多的交流与互动。

1. 微文化具有简洁性

“微文化”以一个“微”字为核心，表达了一种极具深度、极具影响力的生命力，它不仅仅是一种表象，更是一种深刻的思考，它深深地影响着我们的生活，改变着我们的未来。它借助于简洁的内容和 30～300 秒的制作时间，将传统的话语传播方式进行了有效的分割，从而形成了一种独特的“碎片化”微文化传播模式；它不仅仅局限于 140 字，而且还能够更加有效地将信息传达出去，从而更好地满足用户的需求。这种快节奏的信息传播方式极具吸引力，能够让人们在有限的时间内轻松获取有价值的信息，从而满足当今快节奏生活的需求。例如，微博作为微文化的重要组成部分，人们会利用乘坐公共交通工具的时间，以及其他可能的机会，将他们的见解和想法以文字、图像的方式传播开来，从而推动社会的进步。由于微博的字数被严格控制在140字以内，因此，文字的表达方式也更加精炼，更加清晰地表达出个人的观点、想法、经历，从而更加深入地影响着用户。正如学者所说，传播的过程中，最重要的便是将信息“削尖”，使其能够深入到用户的思维中。为了让接收者更容易记住，发送者必须不断精简。简洁是微文化的重要特点。

2. 微文化存在即时性

微文化的即时性表现为它的信息传播更加快速、灵活，能够让当前的情况立刻反映到外部环境中，而且没有任何时空限制。它的传播方式比传统媒体更加节省，从采集到编辑，再到出版和传播，都没有任何烦琐的步骤，人们只需轻轻一按，就能够立刻获取和分享有价值的信息、见解和思路，从而实现真正的零距离沟通。

3. 微文化充满互动性

随着技术的进步，微文化传播的特点变得更加具有互动性。罗伯特·拉罗斯和约瑟夫·斯特劳巴哈提出：“因为技术的发展使得传播媒体可以拥有特定的受众群并得到快速反馈，我们也开始越来越关注‘交互’。”[①] 传统媒体的文化传播模式以“传播者发出信息—通过媒介传播—观众接受”为主，这种单向传输模式使得媒体处于一种绝对的主动地位，使得传播的信息能够被更多的人理解和接受，从而影响着社会的发展和变化。观众无法直接表达自己的看法或意见，只能被动地接受媒体发布的信息。

而微文化信息的传播就完全颠覆了这种受众被动的传播模式，在信息传递上综合采用了“多对一”“一对多”“多对多”等多种方式，实现了真正意义上的双向互动传播。“微民”的出现标志着信息传播的一次重大变革，它不仅改变了人们的交流工具，使得人们可以轻松地使用平板电脑或智能手机，无论是接收信息还是发布信息，都变得更加便捷。例如，当一条信息被发送出去时，微信好友就可以立即参与到点赞、评论等交流中，从而更加有效地完成任务。在微文化中，信息的传播使人们不仅可以作为一个接收者，也可以作为一个传播者，他们可以自由地选择、表达自己的观点，并且可以及时参与到社会的各个领域，从而实现自我价值的表达。

---

① 拉罗斯，斯特劳巴哈. 今日媒介：信息时代的传播媒介[M]. 北京：清华大学出版社，2002.

（二）精神特征

每一种文化都拥有其独一无二的核心价值观，而微文化则更加突出地反映出这种价值观，它具有后现代性、去中心性和平等性等特征。

1. 微文化充满后现代性

后现代主义是一种跨越时代的思想流派，它最初出现在建筑领域，随后又蔓延到文学、艺术、音乐、哲学等多个领域，成为一股深刻影响着当代社会的思想潮流。后现代主义打破了中心论，拒斥稳定系统和决定论，主张以更深广的气度去宽容不一致的标准。而具体到中国的独特语境中，随着“微文化”的出现，后现代文化的概念也随之而生。它不仅仅是指“短小、即时、扁平”，更是指一系列具有后现代主义特色的新型文化，如微博、微信、微电影等，它们的出现标志着一个多元互动的微文化时代的到来。它不仅仅是一种文化形式，更是一种文化现象，它深刻地改变着人们的生活，改变着人们的思维，改变着人们的行为，改变着人们的价值观，改变着人们的生活方式，改变着人们的生活习惯。某种程度上呈现出“文化已失去了中心，没有了连贯性和整体性，因此再也不能构建或规定我们生活的世界”[①]，表现出了越来越明显的后现代文化症候。

2. 微文化存在去中心性

微文化的去中心性指的是“微空间”里的每一个“微民”都具有自身话语的把控权，可以随时发布自己的所见所闻或者对某一话题进行个性化表达，也可以追随自己所信服的网络“意见领袖”的意见和态度。在微文化空间中，原有的中心与边缘对话模式被打破，“主流”与“边缘”的界限不再泾渭分明，权威不是在现实社会，而是在网络社会得到推崇，微文化体现出一种明显的去中心性的倾向。

3. 微文化具有平等性

随着信息技术的飞速发展，以及移动互联网的普及，微文化也迎来了爆炸式的增长。只要拥有一个微博或微信的账号，就能够轻松地在“关注”“转发”上发布自己的看法，无论是在何处，都能够轻松获取信息，极大地提升了生活的便利性。不管你处于什么样的社会环境，作为一个普通的公众，你都应该享受到微平台的尊重，因为它让你能够更加自主、更加公正，你可以根据自己的需要、兴趣爱好，就社会的热点话题，发表你的观点，并且享受到完全的平等的发言权。意见双方完全处于独立、平等的地位。微博、微信等平台和载体在微空间里创造

① 费瑟斯通．消解文化：全球化、后现代主义与认同 [M]．北京：北京大学出版社，2008.

了一个充满平等、民主的交流环境，是对话语权的尊重。微文化的核心价值在于它强调个人的自由和独立性，以及尊重和保护个人的权利和自主性。

（三）主体特征

“微民”的微文化以其独特的个性、广泛的影响力以及社会的影响力，成功地将文化的精髓发挥到极致，成为一种独立的、多元的、社会的文化形式。

1. 微文化充满个性化

微文化以其独特的视角和理念，将个体的价值观和追求放在首位，以此来激发和促进社会的发展。个性化的特征在微空间里尤其得到淋漓尽致的体现。“微民”作为微文化的主体，自我个性得到最大发展，获得了充分展现自我的舞台。在微空间里，既定的价值标准和统一的是非观念相对较为淡薄，人们可以通过微博、朋友圈等社交媒介，大胆地表达自己的想法、感受，并且把这些想法变成实际行动。比如，他们可以在微博上发布自己的心声，分享美食、美景，也可以在朋友圈里点赞，甚至是转发自己的帖子，这样一来，就能够让个性的发展更加突出，让每一位参与者都能够拥有更多的自主权和更多的创新机会。

2. 微文化体现大众化

随着微文化的兴起，每个人都可以成为信息的发布者和编辑，无论你的文字水平如何，你的学识如何，你的故事如何，只要你愿意，你就能够参与到这个过程中。大多数的信息都是公开的，可以被大家共享。此外，随着信息的传播，它的影响力和推动力也会变得更加强大。例如，“微公益”是一种基于微文化兴起的公益理念，其宗旨是鼓励全民参与，从微不足道的公益事情着手，强调积少成多。微公益充分利用了移动互联网的广泛性、草根性以及快速传播的特点，让普罗大众都可以广泛参与，并以一颗颗慈悲的心，以微薄的力量实现伟大的梦想，从而让公益活动走向更广泛、更平民化以及更持久的道路。微文化打破了传统文化的界限，让每个人都能够拥有一个平等、自主、多元化的文化环境，让普罗大众从一个被动的观察者变成一个主动的参与者，成为文化发展的推动力量。

3. 微文化形成圈群化

“微文化”的出现得益于其独特的社交性，“圈群”则更加强调了微文化的影响力，它们的出现，使得人们可以跨越时空，建立起 QQ 群、微信群、微博好友群等多样化的群体，从而推动社会的发展。这些“圈群”拥有极高的社会认可度，他们以亲密的家庭、共同的兴趣爱好、不同的职业为纽带，组建了一个多元化的社区，以此来促进彼此之间的互动和沟通。许多人来自截然不同的社区，他们拥有着截然不同的文化背景、社交方式和生活习惯，他们之所以会聚集到一起，很大程度上是由于他们都热爱某部小说、某位明星、某种特定的生活方式，从而形成了一种特殊的社区文化。

第二节　微文化的功能与价值基础

一、微文化的主要功能

微文化作为一种以科学技术为基础的文化形态，它关注个体的发展和自我价值的提升，极大地改变了人们的思维方式、行为方式、交往方式和消费方式。微文化的功能主要表现在以下几个方面。

（一）促进信息传播与流动

文化的价值在于其能够被广泛传播。微文化通常通过社交媒体如微博、微信、短视频等方式来展示信息，并促进人们之间的互动。只要有移动互联网、Wi-Fi、智能手机，再加一个微博、微信账号，任何人都可以用微平台发布自己的信息，每一个人都是信息源。曼纽尔·卡斯特在《网络社会的崛起》一书中指出“流动空间乃是通过流动而运作的共享时间之社会实践的物质组织”①。随着网络的普及，流动性和地域性的交流变得更加便捷，它们共同构建了一个新的社会环境。“微民”的出现，让人们可以跨越时空，实时获取新闻，而且还可以在第一时间对新闻进行评价，这种情况在过去几乎是不可能实现的。随着社交媒体的迅猛发展，微博、微信的强大功能让人们可以轻松地在各种社交媒体上分享、交换信息，进而丰富了人类的视野、听力、语言、思考，从而有效地加快信息的传播，实现信息的全面、立体化的交互。

（二）促进交流沟通

微文化从产生之日起就具有交流沟通功能。新浪微博的推广口号是“随时随地发现新鲜事”，“微信之父”张小龙设计的微信登录界面就是一个人站在地球的一端默默思考，微信的口号是“微信是一种生活态度”，也指出了微信从创立之初就是以沟通交流、加强人们之间的联系为目的和宗旨的。而事实上，人们也发

① 卡斯特．网络社会的崛起［M］．北京：社会科学文献出版社，2001．

现，通过微博，自己在陌生的群体里也能找到共同感兴趣的人和事，也能对一些热点话题发表自己的看法，一起沟通交流。通过微信，人们找到了久未联系的发小、老乡、老师和朋友，再续多年前的情谊，而现实生活中形成的一个个工作群、学习群也可以帮助人们更好地沟通交流。通过沟通交流，人们可以联络感情，传播自己的观点和知识给更多的人。

（三）能够娱乐大众和促进消费

随着当今社会的发展，人们面临的生存和工作压力日益增强。通过参加娱乐活动，可以有效地减轻焦虑和压力，从而获得放松和满足感，当前人们借助微平台进行娱乐身心的方法多种多样。一是在繁忙的工作之余浏览微博、微信上的一些新闻消息、文章链接等，还可以查看一些微信公众号上推送的文章，作为一种休闲放松的方式。二是可以观看微视频，暂时忘却工作的烦恼。三是可以参加网上发起的“微公益活动”，在帮助别人的同时也可以愉悦自己的心情。四是可以玩各种微信游戏解压。总之，微文化时代下的娱乐方式趋向多样化，人们可以根据自己的需要，选择适合自己的娱乐形式。但同时要注意的是，要平衡好娱乐和学习、工作的关系，不能沉迷于各种娱乐活动而放弃了正常的学习和工作。

消费也是微文化的重要功能。在传统互联网时代，如果说人们的消费还受台式电脑、网络的限制的话，那么，在移动互联网时代，智能手机、数据流量、Wi-Fi的全面普及使人们的消费更加便捷。支付宝、微信支付等在悄悄地改变着人们的支付方式，人们出门基本上不需要带现金和银行卡，消费购物用支付宝或者微信就够了。网络上曾流行过一个笑话，说的是一个小偷觉得现在小偷行当越来越难做了，原因是人们出门都不带现金，无钱可偷，纷纷转行了。由此，总结出打败小偷的不是警察，而是微信和支付宝！这虽然是一个笑话，但也折射出微文化时代人们消费方式的变迁。一方面，微信支付、支付宝支付等支付方式给人们带来了消费的快捷、便利；另一方面，这种便捷很容易造成消费的“无意识化”“盲目化”和“指尖血拼”。一些大学生感叹，自从用了网上支付后，花钱没有感觉，钱用得特别快，但是在看到一些促销、打折后又忍不住用手机下单、支付。整个消费处于一种“购物狂欢”的盲目、无意识之中，“拇指族”“剁手党”比比皆是。此外，由于微信的风靡，基于微信平台出现了一种在微信朋友圈售卖货物的“微商”，这是一种基于熟人关系的新型的销售和购买方式。由于微商的进入门槛低，售卖货品也良莠不齐，因此，微商在给人们提供新的消费选择的同时，也急需政府等相关部门加强规范和管理。

（四）可以起到教育引导的功能

文化的教育作用无处不在，尤其是微文化。它以其广泛的传播范围、迅捷的发展速度，成为一种重要的社会指南，可以帮助人们正确认识自身，培养正确的价值观，并以此指导他们的行为。微文化的独特之处在于它的个性化和自主化，因此，教师们需要摒弃传统的教学方法，转而采用微文化来指导学生，以更好地培养学生的创新能力和独立思考能力；要注重关心每个学生的自我特点，改“灌输”式教育为“引导”式教育，去权威性，达到平等的沟通、平等的互动，真正做到“以学生为中心”“因材施教”。为了更好地指导社会，我们应该努力培养一批理智、负责任的微博、微信“大V”用户，让他们积极地传播真信息，发出“好声音”，并且积极地宣扬“正能量”，以便为社会中的其他人提供正确的指导。

（五）形成舆论平台，改变舆论格局

“网络舆情是社会发展脉络中公众的社会态度、取向和评价结果在网络上的投影，是不同社会群体、阶层利益和社会需求在网络上的话语表达。”[①] 微文化的舆论舆情功能主要体现在两个方面：一方面，微民通过微博、微信等平台，表达民意，发表评论，其中既有对国家发展、社会民生等重大问题的期盼，也有对关系到自己切身利益问题的诉求和宣泄。另一方面，随着微博、微信等网络媒体的迅速发展，它们已经成为中国最重要的舆论监管渠道，构建了一个全新的、具有深远影响的民众舆论环境。

二、微文化的价值基础

（一）关注并解决社会热点问题

微文化通过自媒体的方式进行传播，让每一位用户都能拥有一个可以分享自己观点的“微时代”，从而使得大众的焦点从重大事件转移至当下的每一个细微瞬间。

随着科技的飞速发展，传统媒体正在从单一的渠道转向多元化的方式，它们不仅关注新闻的价值，而且还能够深入挖掘事件背后的原因，并且能够及时地把握最新的信息，从而引起更多的公众关注。微文化的传播方式正在发生巨变，微

① 张春华．网络舆情 社会学的阐释[M]．北京：社会科学文献出版社，2012．

信、微博等新型媒介正在渗透到每个人的日常生活，特别是青少年。微信、微博等新型媒介可以让人们进行直接的互动，都能够让我们见证每个人的生活，构建起一个多元化的社会，并且随着参与者的数量的增多，这些事件的影响力也将越来越大。①

微文化的价值不仅仅局限于关注，它还可以激励人们采取实际的行动来实现。“随手拍照解救乞讨儿童行动”的微博活动，让更多的人开始关注拐卖儿童的问题，并且通过他们的努力，让更多的人能够帮助那些陌生的孩子们重新找到家的感觉。随着社会的发展，微博打拐已经成为一种新的社会现象，它不仅仅是一种口号，更是一种实际的行动，一种普遍的社会责任。

（二）引导反思，批判生活

当人们面临挑战时，他们通常会反思自身和社会。这种反思可以分为两种：一种是作为一个理性的个体，每天都会进行反省；另一种是当他们的内心受到冲击时，他们会不由自主地进行反省。微文化的核心价值观是让理性的人们能够从自身的行为中获得启示，而这种启示不仅限于少数自觉的人，也适用于大多数普通人。当一件事引发了普通人的共鸣时，微文化的力量就在于这种共鸣，它可以帮助他们从日常生活中获得更深刻的认识，从而激发他们的反思精神。

微言、微行已经深深地植根于我们的日常生活，它们以一种无形的方式改变着当下的社会，让人们在面对科技时代带来的冷漠、迷失方向等问题时，不再被动地接受，而是勇敢地站出来，以自身的力量去推动社会的正确发展，激发公众的思考。“中国留学生江歌事件”的新闻报道，从江歌母亲的单方面求助，到中日两国的跟踪报道，表明微博的报道已经成为一种普遍的舆论，但是，这种舆论的影响力远远超出了关注整个事件的范畴，它更多的是让人们重新审视自身的道德和良心。

微文化强调反思与批判，它代表着当今社会的一种重要的价值观，它可以帮助我们更好地理解自身，从而使社会更加健康。同时，它还提醒我们要成为一个有责任心的公民，因为只有当一个人拥有自主权，并且可以根据自己的意愿去实施他的行动时，才能够建立一个具有自治性的社会。

（三）建构自我认同与多元空间

微文化为我们带来了一种全新的文化空间，它不仅重新定义了传统文化理

---

① 胡纵宇．微文化的价值基础与教育影响[J]．社会科学家，2014（11）：105–109．

念和审美观念，更是一种更加人性化、个性化的生活方式，充分尊重个体的独特需求。

随着微文化的发展，人们通过个性化的方式来分享信息，并将这些信息转换成具有时代感的形式。例如，通过微博，我们既可以与家人分享我们的工作和生活，也可以与陌生人分享我们的想法。随着每个人都拥有发表见解的机会，他们可以从一次又一次的思考、行动以及言论中获取大量的信息，这些信息可以帮助他们更好地了解他人的生活，并从不同的价值观之间的博弈中获得更多的认知，从而更好地实现个体的存在。

随着新的文化环境的出现，社会变得更加复杂、多样，这不仅给社会注入了新的活力，也带来了许多挑战，尤其是针对大学生，由于他们的视野受限，一些大学生缺乏批判性思考和质疑精神，加上信息的不对称，容易受到恶意的攻击，从而导致社会冲突、矛盾的产生，甚至成为事件的催化剂。

第三节　高校校园微文化建设的意义

党的二十大报告指出，广大青年要坚定不移听党话、跟党走，怀抱梦想又脚踏实地，敢想敢为又善作善成，立志做有理想、敢担当、能吃苦、肯奋斗的新时代好青年。这不仅表明党和国家对新时代青年的殷切期望，更是对他们肩负的历史使命的一种肯定和鼓励。高校作为培养高素质青年人才的重要场所，应当不断提升学生的核心能力，而“以文化人、以文育人”的建设可以为此提供有力的支撑，“两微一端”的载体体系可以为大学校园文化注入新的活力，增强其时代感，促进学生之间的良性互动。为了营造一个和谐、稳定的校园氛围，培养有抱负、有责任感的新一代，加强大学校园微文化建设显得尤为重要。

一、集中体现了时代精神

每一个时代都有属于它特有的时代精神。正如黑格尔主张的：在客观精神领域中，有一种被看作绝对精神的存在，是各个时期独有的普遍精神现象，这便是时代精神，是激励一个民族和国家发展的动力，代表着时代发展的潮流与方向。[①]当今世界，我们正处于一个重要的历史节点，即深入改革、加快社会变革。为了

① 包心鉴. 时代精神与当今人类文明[J]. 江汉论坛，2007（8）：5-8，97.

促进我国社会主义建设的持续发展，我们必须把握当下的机遇，培育新的时代精神。当今，“改革创新”作为一种时代精神，无论是普通公民还是社会个人，都有责任去践行它，而大学作为一个文化的聚集地，也有责任去推动创新和改革。

微文化的普及使得它的影响力蔓延至校园的每一处，它不仅改变了人们的思维模式，而且还深刻地改变了人们的价值观，从而改变了人们的思维习惯。因此，教育工作者需要不断地改进自身的教育理念、内容、方法和途径，以期能够更好地激发学生的兴趣，并且能够通过微文化的载体来激发他们的热情，从而使他们能够更加关注社会，以及能够从“微民”这样的微文化环境中获得有价值的知识。高校应该鼓励学生以积极向上的态度来表达他们的想法，并且要让他们有责任感和独立思考能力。

建设一个充满活力的校园文化，需要教师们不断努力，不断完善和更新学习体系，探索更加有效的教学模式，以及采取更加先进的文化手段，以此来激励学生的学习兴趣，促进学生的全面成长。在这个充满创新的校园里，大学生们不仅可以受到熏陶，而且还可以运用他们的创新思维来推动社会的发展，从而使得文化得到持续的传播和发展，为教育提供良好的环境。

二、对人文关怀需要的迎合

人文关怀的核心在于尊重人的本性和价值，它旨在建立一种平等的关系，让人们能够自由地发挥自身潜力，实现全面而充分的发展。

随着信息技术的发展，“灌输式”的传统教育模式已经不再适用，而微文化的出现，如微信、微博、微课堂等，更加强调了课堂与社交的结合，让师生能够更好地交流，更加深入地探究课程内容，从而更好地提升教育的实效性。通过微文化载体实施的教学方法，老师既尊重学生的观点，又能够提供客观、公正的评价，从而增进师生之间的交流，激发学生的创造性思维，提升他们的语言表达能力。此外，这种方法的实施还能够更好地体现出教育的人文关怀，而且效果显著。

除了利用微文化载体来提升教学质量外，高校还应当充分利用“校史”“优秀传统文化”“学术成果”“校园活动”等文化资源，定期更新公众号，凸显本校的文化特色，并且结合“软环境”的建设，营造一个充满人文关怀的优质校园环境。

第四节　微文化对大学生价值观的影响

一、积极影响

价值观是人类心智的核心，它指引我们的思考、判断、决策以及行为。在当今的大学校园里，微文化为学生提供了丰富的娱乐活动，同时也成为他们获取知识的主要渠道。它为增添校园色彩、提高校园的氛围、推动大学生价值观的统一，发挥着重要的作用。

（一）大学生知识学习的内容和渠道得到丰富

微文化的出现给大学生带来了一种前所未有的文化体验，它不仅扩展了他们获取信息的途径，而且也丰富了他们的学习内容。它提供了一种更加深入的理解，让大学生能够更好地把握知识的价值，并且更加清晰地辨析不同的知识类型，从而更好地掌握知识技能。

微文化为大学生提供了一个全新的学习环境，使大学生不仅继承了中国悠久的文化传统，还吸收了西方优秀文化的精华，从而丰富了自己的学识，为未来形成正确的知识价值观奠定了坚实的基础。例如，2020年，“新基建”作为中国经济的热门话题，在上半年迅速流行，不仅出现在手机新闻和社交媒体上，而且也深受大学生的喜爱。当大学生在微文化中探索“新基建”的新闻时，他们会被“新基建”的内容所吸引，并且会积极地搜寻相关资料、咨询家长和老师，以获取有关“新基建”的信息。这种探索、筛选的过程不仅可以培养他们的知识价值观，还可以帮助他们更好地评估自己的学习成果。

（二）大学生社会交往的意识得到强化

从社会学的角度来看，交往是一种重要的沟通方式，它源于一种共同的文化背景，不仅仅涉及个体的“关系网”，更涉及一种共同价值观，从而促进个体的社会性素质的发展，促进个体的身心健康，实现个体的全面发展。随着微时代的到来，大学生的交流方式发生了巨大的变化。微文化为他们搭建起一个更加健康的人际环境，扩展他们的朋友圈，增强他们的社会技能，让他们更加清楚地知道，在“微时代”的框架内，他们要以真诚的态度去面对他人，并且要加强自身的安全意识，以及对自身信息的保护。随着“微社交”软件的普及，大学生的交往价值观也发生了巨大的变化，他们更加重视网络空间的使用，以及更加积极地参与到社区活动中，以此来建立更加牢固的人际关系。21 世纪以来，“微时代”的出现彻底改变了人类的交流模式，它打破了时空的限制，让我们能够更加自由自在地与世界各地的朋友沟通，而“微平台”则让我们能够跨越距离、跨越国界、跨越文化的鸿沟，让我们的社交更加多元化，更加丰富多彩，更加有趣，更加有效，更加便捷，更加有意义，更加有价值。通过加强社会技能和培养交流能力，大学生可以更加谨慎地应对微文化的挑战，并且具备更强的自我防御意识，从而更加稳固地维持和发展良好的人际关系。

（三）大学生人生意义的思考得到引导

人生价值观即是人生价值的观念反映，是人对人生价值的根本看法和态度。① 人生价值观是一种重要的思维方式，它反映了一个人在处理自身、他人和社会之间的关系时，应该遵循的原则和准则。它不仅能够帮助我们理解自己的存在，还能帮助我们更好地把握自己的未来，从而获得更多的成就感。

许多大学生通过微文化获得了正面的影响，他们更加清晰地认识到自己的人生目标，更加深刻地思考自身的价值，更加积极地追求人生意义，从而形成一种乐观向上的人生态度。

（四）大学生道德责任感的形成得到推动

“道德价值观”可以被定义为一种独特的、有效的、有影响力的价值取向，它可以通过一系列的道德概念和观念来形成，并且可以通过评判和选择表达出来。它不仅仅是衡量一种行为的标准，而且还可以影响一种行为的形成和发展。

微文化的传播速度和多样性使其成为传统道德价值观教育的重要补充，它不仅可以提供即时的信息，还能够激励大学生积极向上，并且通过榜样文化来激励他们。这种无形的力量对于大学生来说是巨大的，它可以激励他们勇于挑战自我，追求更高的目标。

（五）大学生政治主体意识的发展得到催化

在微文化的背景下，随着移动互联网和“微媒介”的飞速发展，当代大学生参与政治的途径和方式变得越来越多元化、便捷化。这不仅扩大了大学生的政治关注范围，也激发了他们参与政治活动的热情，并且直接影响到他们对政治问题

---

① 刘济良. 价值观教育 [M]. 北京：教育科学出版社，2007.

的认知和行为选择。受社会主义核心价值观的影响，大学生们勇敢地抵制一些不良的精神文化行为，反驳那些诋毁国家的言论，他们以坚定的信念和果断的态度，勇敢地担负起社会主义接班人的政治责任，彰显了他们的担当精神。

二、消极影响

随着社交媒体的迅速发展，微博、微信等微文化载体已不再能完全满足当下的需求，甚至可能会对青少年的情感产生负面的影响，甚至会对他们的身心健康造成不良的影响。大学生正处于个体生理、心理发展的关键阶段，而其在中学时期所形成的价值观也已经基本定型，但随着网络技术的飞速发展，个别大学生正面临着价值失落、精神迷失以及信仰困惑等困境。

（一）让大学生知识学习更加碎片化

随着“个体人”到“社会人”的转变，人类的社会化进程也随之展开。与传统媒体冗长的叙述形式不同，微文化的传播方式更加简洁、直观，一张照片、一个表情、一个标题都能够被用作传递信息的手段，尽管它们的形式很“微”，但它们包含的内容却很“大”。毫无疑问，微文化的出现为当今社会的高速发展提供了一种新的途径，也为大学生提供了一种新的学习模式。一方面，微文化的出现极大地改变了大学生的学习体验，它以简洁、有趣、便捷的形式提供了丰富的信息，让他们能够更加轻松地掌握知识。另一方面，微文化的娱乐性特点可能会让大学生分心，无法集中精力学习。它创造了一种碎片化的学习方式，但是，由于部分大学生的意志力较弱，他们很容易沉迷于这种碎片化的学习之中。

（二）不利于培育大学生现实人际交往能力

随着微文化的发展，“屏社交”和“想聊就聊”等新型社交方式已经成为大学生的必备技能，它们能够满足大学生的多种需求，比如QQ聊天、语音通信、视频互动等，而且不受地域的限制，让大家能够更加便捷地进行沟通，从而让每一个人都能够从孤独的环境中解脱出来，获得一些安全感、幸福感和归属感。然而，随着对社交媒体的过度依赖，一些大学生容易沉迷于“虚拟”的环境，进而导致其现实交际能力的缺失。

（三）不利于大学生养成崇高的人生理想

微文化最初旨在帮助人们更好地沟通交流，以及放松身心，因而，它汇集了各种娱乐活动，逐渐“膨胀”，并表现出泛娱乐性的不良倾向。“所谓泛娱乐性，是指微文化为了吸引受众的注意力所呈现出来的内容低俗、格调低下、趣味低级、纯粹追求娱乐目的的一种文化现象。”①“眼球效应”以及“泛娱乐性”等不良因素通过微文化渗透到大学校园，抹杀了个别大学生对于美好未来的憧憬与渴望。

随着微文化的兴起，许多传统的社会职业正在发生变化，许多大学生也开始重新定义自己的成功。这种文化的流行也让一些网络红人迅速崛起，他们以各种“异于常人”的方式来吸引关注，以及利用粉丝的支持来获取财富。受到巨大的财富和声望的驱使，许多人都开始助力“全民直播”的“盛况”。随着享乐主义、拜金主义、消费主义的兴起，一些没有足够判断力和自律性的大学生开始羡慕“成功”，因为它可以让他们轻松获取金钱、名气，而不需要付出任何艰辛的努力。受“微文化”所带来的负面影响，一些大学生失去了正确的判断能力，被其中的负面价值观所迷惑，从而放弃了追求真理的努力，沉溺于消遣的快乐之中。

（四）阻碍大学生提升道德境界

道德价值观是一种深植于社会文化环境之中的根本，它的存在可以激励、引导、促进社会各种价值观的发展，从而影响到每一个公民的思想、行为，使得道德准则的底线变得越来越模糊，从而影响到每一个公民的思想、行为。

沉浸在“微民”的文化洪流中，每一位大学生的身份都充满了神秘和未知，他们被微文化的氛围所包围，被迫接受外界的规范，但却无法真正把握自己的价值观，从而导致道德观念的浅薄化，让大学生无法摆脱迷茫的困境。由于微文化所传达的信息往往是隐秘的，因此，即使是那些正确的道德观念，也很难被一些大学生所认知，从而阻碍了他们的道德修养的进步。

第五节　高校校园微文化建设的现状与改革路径

一、高校校园微文化建设的现状

（一）微文化教育引导存在认识不足等问题

随着社交媒体的发展，当今的大学生正成为新兴的社交媒体平台的重要用户，他们的使用频率和活跃度都迅速攀升。尽管许多高校都会发布一些有关信

① 周静．微文化对大学生价值观的影响及其应对[J]．中州学刊，2019（6）：106-112．

息，建立自己的社交媒体平台，如微信公众号、官方微博等，但这些平台的内容往往偏重于学校的宣传，缺乏有趣的社交内容。学生们对于与他们学校相关的网络文章缺乏热情，甚至不愿意深入研究，因此，他们只是被迫接受这些内容，这种方式并不能帮助他们建立健康的人生观和价值观。微文化的缺乏以及统一的形态和内容的缺失，已经成为阻碍学生教育管理的主要障碍。此外，大学的平台管理也存在漏洞，一些地方仅仅将责任分配给了特定的部门、社团、学生会等，而对于新媒体的运营，一些大学的团队毫无建树，仅仅是一个空壳，而且缺乏真正的落实，缺乏将新媒体工作视为常态、日常的态度，从而影响了整个大学的发展。

随着社交媒体的发展，大学生通过手机的方式与微文化有了更多的交流。然而，大学生还没有完全融入社会，有的大学生缺乏对信息的理解和评估能力，因此很容易被外界的影响所左右。由于缺乏足够的辨认能力和预警意识，在被贪婪、腐败、虚伪的诱惑所包围的时候，如果没有及时地自我保护，或者没有勇气去寻求他人的援助，就会产生悲剧性后果。以往的案例提醒高校，如果没有进行充分的教育宣传，这种悲剧可能仍将重演。为了应对这种情况，高校正在举办各种预防诈骗的讲座和实践活动，但是学生的积极性却不够。随着微文化的迅猛蔓延，不良信息的传播也变得越来越迅速，这种情况对学生的身心健康造成了严重的威胁，若是没有及时有效地处理，就会对当事人及学校造成严重的负面影响，也会引起社会的强烈不满，使得辅导员的工作变得更加艰巨。

（二）辅导员没有养成微文化的应用意识

“知己知彼，百战不殆。”在微文化环境中，辅导员应该充分理解文化现象，以便更好地指导学生，促进工作的顺利实施。然而，与传统的口头对话不同，微文化环境中的交流与沟通需要更多的自主性、灵活性、多样性。随着网络技术的飞速发展，社会上的热门话题也在不断变化，使得人们很难确定有效的沟通方式，而学生们所接触的微观文化也远远超出了教师的理解和掌握能力。随着科技的发展，许多辅导员已经摆脱了传统的学习模式，他们开始采用更加灵活、有趣的微文化方式来交流，这种新的文化方式不仅能够更好地反映出学生的个性，还能够更好地满足他们的需求，从而更好地实现教育目标。但还有一些辅导员还没有养成微文化的应用意识，这将会大大降低这些辅导员的工作效率。

（三）大学生价值判断受到良莠不齐的微文化影响

随着互联网的普及，信息的发布变得更加自由，传播也更加快捷，覆盖的范围也更加广泛。然而，一些不符合事实、不符合社会公德，甚至是反动、违法的信息却没有得到及时的审查和处理，从而给大学生带来了不良影响。这些信息可能会损害他们的世界观、人生观、价值观。此外，一些大学生更喜欢追随流行的娱乐新闻，而这种追逐流行的方式可能会对他们的审美和价值观造成误导。如果他们花太多的时间去追逐那些与社会发展毫无关联的娱乐内容，可能会削弱他们的意志力。

（四）教师和学生的关注问题并不契合

一些高校的辅导员尚未充分理解微文化在塑造大学生价值观、提升教育质量方面的重要作用。他们被迫面对当今迅猛发展的网络文化，如快餐文化、娱乐文化等，却又缺乏足够的能力来帮助他们建立正确的人生观和价值观，从而被这些文化所束缚。

二、高校校园微文化建设的改革路径

（一）利用微文化促进传统文化教育

习近平总书记在中共中央政治局第六次集体学习中强调，我们决不能抛弃马克思主义这个魂脉，决不能抛弃中华优秀传统文化这个根脉。坚守好这个魂和根，是理论创新的基础和前提。习近平总书记的讲话强调了中国传统文化的重要性，并且从国家富强和民族振兴的战略角度出发，提出了继承和发展这些文化的重要性。然而，随着微文化在大学校园里的普及，微博、微信等社交媒体加强了个人与社会的互动，但由于微文化内容的碎片化，它们的内涵和精神力量也相对薄弱。因此，我们应该怎样才能让中国传统文化在高校得到更好的发扬？我们又该怎样丰富大学校园的微文化？如何丰富大学校园微文化的内涵？在此借用习近平总书记所说“不忘历史才能开辟未来”。因此，将两种文化融为一体，不仅可以推动高校传统文化的创新，增强其历史价值，而且还可以将其融入大学校园的微文化体系之中，为微文化的发展提供有效的指导。

1. 充分利用各种微文化平台

许多大学生都喜欢使用校园公共平台来获取有关校园文化的最新资讯。这种方法比传统的宣传渠道更加有效，因为它能够根据学生的兴趣来及时发布有用的信息，满足他们的日常需求，同时也符合他们的阅读习惯。这使得许多大学生都愿意参与到这项活动中来。“古为今用，推陈出新”旨在通过开拓性的宣传方式，以及充分发挥校园微平台的优势，把传统文化中的美好理念、价值观以及积极的态度传播给更多的人，使得校园微文化的影响力更加强大，更加深入人心，从而激发更多的爱国主义情怀，激发更多的正能量。譬如，为了更好地弘扬“传统文化小课堂”，我们将其作为校园微信公众号的标题栏，将其中蕴含的思想、文化以及历史等元素以数字化的方式呈现，并且利用互联网的渠道，积极推广民族精神的弘扬，以期让这些优质的成果在线上线下的各个方面都能够深刻地影响着人们。通过微信平台，高校不仅能够将优秀的传统文化带给学生，而且能够更深入地理解和体会这些文化，从而更好地为他们提供人文关怀。

2. 微文化利用形式要多样

中华传统文化的核心思想，包括儒家、道家、墨家、法家等，为我们提供了一个完整的道德观念和多样的价值观。随着时代的进步，这些优秀的传统文化观念也应该得到更广泛的认同，并被广泛地应用于现代的大学生教育之中。因此，我们应该利用受到大学生欢迎的微电影和参与公益活动的机会，让优秀的传统文化理念深入到大学生的思想中，增强他们的文化认知。同时，随着时代的发展，这些传统文化也为微文化注入新的活力，就像一座灯塔，指引着微文化朝着正确的道路不断前进。

武汉轻工大学积极推动微电影、微公益等新型媒体的发展，旨在弘扬优秀的传统文化思想，并将其融入学校的日常教育中。学校特别举办了微电影大赛，旨在向全体师生传播正能量，让他们更好地体会党的二十大以来的精神风貌，并将其融入学习中。通过将微电影作为一种新的媒介，学校不仅能够更好地展示当代大学生的思想状态，还能够推动校园文化健康和持续的发展。为了更好地实施扶贫政策，“用爱心助春雷”微公益活动在学校里进行，老师和同学们参与到爱心捐赠、游览江滩、参观轻工大校园、关爱心灵团体辅导等活动，同时，医护学院的学生也利用自己的专业知识，给留守儿童进行身体检查，关注他们的生理健康。通过微公益活动，高校能够让大学生更深入地体会到周围的人和事，这样既能提高他们的道德水平，也能培养出完整的个性。

（二）建立健全大学校园微文化制度体系

随着社会的进步，制度被设计出来以满足人们的需求。它以普遍的行为准则的形式，将人们的思维和行动统一起来，以实现共同的目标。微文化的独特性、方便性以及其他优势，使得它在某种程度上促进了人们的生活，但也引发了许多矛盾与冲突。为了营造一个良好的微文化氛围，加强校园微文化制度的建立显得尤为迫切，这将有助于构筑一个既有自我约束又有外部约束的微文化制度体系，以促进大学生的文化素养的提升。

1. 建立健全微文化学习管理制度

目前，尽管大多数高校教师都具备良好的媒体素养，但也有一些人缺乏对最新文化现象的关注和学习，这使得他们和学生之间的信息传递受到影响，使得教育变得更加困难。为此，高校应该采取一系列措施来解决这一现状。

首先，高校应该大力推进“学习制度”教育，以便建立一套完善的制度体系，使大学生更好地接受和认可微文化。康德曾经指出：对于普通人来说，知晓何为真理，但却不知晓为何为真理，不知晓怎样才能遵循真理去做正确的事情。因此，要想让教育工作者真正理解、掌握和运用微文化，就必须让他们接受这一全新的文化模式，从而积极地把它融入自身的思想中，并付诸实践。通过“学习制度”的教育，高校清楚地指出了应该严格遵守的行为，并让教师们深刻理解遵守这些规定的重要性。通过这种方式，教育工作者能够在日常工作和生活中，通过自身的行动来影响他人。

其次，为了更好地帮助大学生掌握微文化知识，建议通过制定相关的课程计划来指导大学生使用微文化工具。例如，高校的新媒体中心可以通过专题演讲的方式来介绍微文化的最新发展和它在教学中的应用。

最后，制度的有效实施是取得预期效果的重要环节，因此，学校党委和行政部门应当负起监督制度执行的职责，定期评估教育工作者的微文化学习情况，并鼓励优秀教师利用微载体的教学经验，逐步将制度融入他们的课堂教学之中。

2. 建立健全微文化舆情监测制度

微文化给大众带来一种新的思维方式，即尊重每个人的独特需求，让每个人都可以言论自由，并且可以参与到信息的发布和讨论中。然而，由于一些大学生们缺乏足够的自主思考能力，他们面临着来自多方的信息不对称现象，使得他们的言行可能被某些利益集团所操纵，从而引发社会矛盾的升级。为了有效地减轻大学生面临的价值观抉择困境，高校必须建立一套完善的舆论监督体系，以便及早发现并抑制负面情绪的蔓延。

当前，高校舆情监测仍处于初级阶段，缺乏及时的反应能力。因此，为了提升学生的安全意识，加强“免疫力”的传播，高校应当建立完善的舆情监测机制，包括预警、控制、防范等措施，以期望能够及时发现并阻止谣言的传播。

第一，通过建立舆情预警制度，高校能够更好地掌握当前的社交媒体动态，从而更加及时地发现和处理各种不良信息。具体来说，高校的有关部门应该收集有关互联网的大量信息，构建一个针对微博、微信等社交媒体的谣言数据库，并在官方微信公众号上发布相关的辟谣文章；此外，学校还应该挑选出思想品德优秀的教师和学生，组成一个由“意见领袖”等社交媒体发起的专家小组，来更好地掌握社交媒体的动态；经过近期的监测，为决策提供科学依据的专家们通过深入的分析，提取出校园中有害舆情的强度指标，并就大学生最为关心的重要话题提出独特的观点，以此激励人们更加理智地思考，以此来引领舆论的发展。

第二，为了有效地抑制有害舆情的传播，高校应该建立完善的舆情控制制度，并设立应急反应系统，以阻止不良信息的蔓延。首先，要采取“硬”性措施，如技术、行政等；其次，要发挥疏导作用，及时采取“软”性措施，如舆论引导、情绪纾解等，来缓解舆论影响；最后，要与校外相关部门加强沟通，共同努力，确保舆论的健康发展，避免不良信息的进一步传播。通过横向的高校间的协作，以及纵向的中央和地方宣传部门的全力支持，高校可以建立完善的舆情控制制度。

第三，为了减少有害舆情的发生，高校应该建立一套完善的舆情防范制度。首先，高校应该总结以往的突发舆情处理经验，建立一个完善的舆情预案库，以便更好地掌握和学习预先控制措施，并做好随时应对的准备。其次，高校可以通过对舆情的讨论，深入了解师生的真实想法，反思存在的问题，提升校园管理水平，打造一个和谐的校园氛围。最后，高校还需要政府的支持、行业的自律以及网民的参与，才能营造一个健康的网络环境。

（三）在大学校园营造良好的微文化环境

在校园微文化建设中，高校既要坚持完善制度，又要采取有效措施，以“硬”和“软”相结合，来清理校园“灰尘”，改善校园微环境，营造一个健康、文明、和谐、充满活力的校园氛围。首先，高校应该完善不良信息过滤技术，从根本上加强对信息的管控，有效阻止不良信息的传播；其次，高校应该创建一个属于自身的品牌微文化，以展示学校的历史和文化，并将学校的文化融入微文化平台；再次，高校应该积极推进微文化建设，营造一个充满活力、充满创意的校园文化氛围；最后，高校应采取多种形式的交流活动，加强与学生之间的联系，促进微文化的发展，提升其影响力。

1. 利用最新技术，过滤不良信息

随着科技的飞速发展，网络已经成为现代社会的重要组成部分，微文化也是其中的重要组成部分。微文化的出现使得人们的日常生活和工作变得更加方便快捷，但也同时增加了不良信息的传播风险。为了保护学校的网络系统免受恶意代码的侵害，阻止恶意报复的出现，并有效地抑制反动言论的流传，高校应该通过对最新技术的利用来加强对信息内容的审查，从而确保校园的安全与健康。

（1）加大设备投入

随着科技的飞速发展，大学校园的 Wi-Fi 和智能手机的使用率已经达到了极致，两者的配套设施也日益完善。然而，为了推动大学校园微文化的良性发展，高校领导们应该积极把握其发展趋势，并且充分利用现有的技术资源，以确保其正常运行；利用先进的硬件和软件实时监控网络舆情，并且不断改进和优化网络过滤技术；根据师生员工的需求，自动调整不良信息的关键字，从而减少人工审查的烦琐步骤，使得网络信息的管理变得更加有效和人性化。

（2）加大人员投入

目前，许多高校都在努力提升人才储备，但是由于一些学校的微博和微信公众号只是由行政机构来管理，没有主要负责人，信息技术人才也相对匮乏，因此这些公众号很难定期更新。学校的组织建设和人力投入对于学生来说至关重要。例如武汉轻工大学的“青年传媒中心”，它是一个由学校团委领导的学生社团，致力于媒体运营，不仅作为学校的宣传渠道，还负责对社会舆论进行调查和监督。因此，大学不仅应该关注设备的投资，还应该重视培养 IT 人才的专业能力。在人员投入上，为了确保招聘的公平性和合理性，高校应制定一系列严格的招聘标准，包括拥有较强的责任感、良好的政治品德、熟练掌握网络技术以及深刻理解学生的思想。一旦招聘完毕，高校应立即成立一个信息审核小组，充分利用计算机学院的资源，鼓励学生发挥其专业能力，积极参与网络信息的审核工作。

2. 形成具有特色的校园品牌微文化

随着党的二十大的召开，中国进入了一个全新的历史时期，这个时期将以实现人民的美好生活为最高追求。“高校美好生活”的宗旨就在于打造一个以大学生为中心的独特的微媒体，以及一个能够激发大家积极性、创造性的信息交流环境，使大家在学习、生活中更加轻松便利。

（1）基于认知负荷理论搭建官方微博、微信公众平台

当今，微信和微博受到了当代大学生的青睐，这是因为它们拥有更强的记忆

力，可以容纳不计其数的基本信息或信息块，而约翰·斯威勒的认知负荷理论也证实了这一点。而且，微信和微博的广受欢迎，不仅仅是因为它们的记忆容量较大，而且还因为它们的内容更具吸引力。认知负荷理论可以帮助我们了解记忆的局限性，它提供了许多有效的教学方法，其中“形式效应”尤其出色，即通过使用多种不同的信息来取代单一的信息以帮助我们更好地理解知识。

随着信息技术的发展，微博、微信等公共平台的出现，为人们提供了更加便捷的信息获取和处理方式，从而极大地拓宽了信息的传播范围，同时也为校园文化的多样性提供了更加强大的支撑。建立微博、微信等社交媒体平台是必不可少的，它们可以以各种方式呈现出大学校园的精彩景象，为广大师生的学习、工作以及身心健康提供一个丰富的资源。

（2）借鉴优秀范例，建设具有鲜明特色的校园品牌微文化

为了更好地为师生服务，大学校园的微文化必须在自身发展的道路上取得突破性的成果。因此，在构建校园微平台的同时，必须充分考虑到大学生的日常生活和学习，深入挖掘他们的需求，并不断改善和完善微平台的功能，以便让更多的人受益。

（四）促进校园微文化载体的创新

随着网络媒体的迅猛发展，微载体也得到了快速发展，其便捷性和交互性的特点，让手机 App 脱颖而出，受到广大大学生的欢迎。因此，高校应当积极利用数字化校园等微载体，加强校园微文化的建设，为社会带来更多的价值。

通过引入数字化校园，高校可以实现从教学、管理、技术服务、生活服务等多个方面的全面改革，从而有效地利用数字资源，构建一个完善的虚拟教育环境。这种新型的管理模式不仅可以极大地提升学校的运营效率，而且还可以让师生们获得一个便捷的、安全的、可持续的学习、工作与生活环境，从而促进他们与信息社会的深度融合。物联网技术是数字化校园的重要基础，它可以将各种物体连接起来，并且通过特定的协议将它们联系在一起。

建设数字化校园旨在提升大学生对校园环境的感受，通过实现虚拟现实和实际操作，缩短人们适应环境的时间。例如，新生可以通过数字化校园轻松地掌握校园环境，快速找到自己想去的教室和宿舍；在校生可以避免因等待公共交通工具而导致迟到；此外，游客也可以利用虚拟现实技术，轻松游览校内景点。通过利用物联网技术，“导览”功能被广泛应用于大学微信公众号，目前已经被多所

大学采纳并成为其中的一项重要应用。北京大学是一座拥有4000多亩校园和丰富学术资源的大学，随着外来游客数量的不断增长，“参观北大”微信小程序应运而生，用户可以通过该微信号查看景点、学院、教学楼、宿舍、餐厅、图书馆、ATM、班车等信息，轻松找到最适合自己的旅行路线。通过学校的App可以实现多种功能，例如，查询学业成绩、课程安排、自习室安排等，让学生的学习更加便捷。通过对“创新”的深入研究，我们可以看出，大学已经成功地推动了校园微载体的创新，并且在其开发和使用方面处于领先地位。

参 考 文 献

[1] 黎海楠，余封亮．高校学生管理与和谐校园 [M]．长春：吉林出版集团股份有限公司，2020．
[2] 沈佳，许晓静．基于多视角下的高校学生管理工作探究 [M]．北京：现代出版社，2021．
[3] 刘青春．信息时代高校学生管理模式的转变及创新 [M]．沈阳：辽宁大学出版社，2021．
[4] 赵威．基于应用型人才培养的高校学生管理创新模式研究 [M]．长春：吉林出版集团股份有限公司，2021．
[5] 陶元．文化自信引领高校校园文化建设研究 [M]．北京：中国原子能出版社，2020．
[6] 闫婕．网络环境下高校校园文化建设研究 [M]．长春：吉林人民出版社，2020．
[7] 汤瑞．德育功能背景下高校校园文化建设研究 [M]．北京：北京工业大学出版社，2018．
[8] 贾霄燕，柏林，王静，等．高校校园文化建设探索 [M]．石家庄：河北人民出版社，2015．
[9] 孙庆珠．高校校园文化概论 [M]．济南：山东大学出版社，2008．
[10] 倪铁军．校园文化建设的理论与实践 [M]．北京：光明日报出版社，2018．
[11] 喻娟娟．“互联网 +”视域下高校学生管理探究 [J]．公关世界，2023（4）：47−49．
[12] 徐丽红．“层层加码”：高校学生管理科层组织执行衰减的一种应对策略 [J]．思想政治课研究，2023（1）：94−102．
[13] 韩玉．高校学生管理工作中积极心理学的应用探究 [J]．湖北开放职业学院学报，2022，35（24）：53−54，57．
[14] 黄凌芳．高校学生管理与思政教育工作融合发展的探索 [J]．经济师，2022(12)：224−225．

[15] 路影．新时代文化自信背景下的高校校园文化建设探析 [J]．辽宁经济职业技术学院 辽宁经济管理干部学院学报，2022（6）：102−104．
[16] 冯永芳，陈明．新时代地方高校校园文化建设策略探赜 [J]．兰州职业技术学院学报，2022，38（6）：60−62．
[17] 胡爱祥，钱平，盛晟．高校学生管理协同治理的困境与学生管理高质量发展新路径 [J]．江苏高教，2022（12）：64−68．
[18] 陈丛丛．大数据时代高校学生管理工作信息化建设策略研究 [J]．黑龙江科学，2022，13（21）：70−72．
[19] 姚文学，林楠，龚海龙．高校辅导员开展学生管理工作方法新探：以“五带”工作法为例 [J]．北华大学学报（社会科学版），2022，23（4）：127−131．
[20] 漆勇政．新时代高校微文化育人探讨 [J]．学校党建与思想教育，2021（21）：89−91．
[21] 谢亚倬．高校学生事务管理人员胜任力模型构建研究 [D]．长春：东北师范大学，2022．
[22] 李欣．新时代高校校园文化载体育人研究 [D]．桂林：广西师范大学，2021．
[23] 刘菁华．微文化对大学生价值观的影响研究 [D]．西安：西安工业大学，2021．
[24] 王新婷．高校学生社团管理研究 [D]．大连：大连理工大学，2020．
[25] 白焕霞．“三全育人”视域下高校学生社区治理研究 [D]．西安：长安大学，2020．
[26] 贺雨菲．社会主义核心价值观引领高校校园文化建设研究 [D]．长沙：湖南大学，2020．
[27] 裴纪平．新时代高校学生管理法治化问题研究 [D]．南京：东南大学，2019．
[28] 吴美媛．微文化对大学生价值观的影响及对策研究 [D]．南宁：广西师范学院，2018．
[29] 许丹阳．高校学生事务专业化分工管理模式研究：以 BH 大学为例 [D]．锦州：渤海大学，2016．
[30] 殷乐．我国高校学生事务管理研究 [D]．武汉：武汉体育学院，2014．